Nich tau glöwen!

Nich tau glöwen!

Heiteres aus
Voß un Haas

Die Deutsche Bibliothek verzeichnet diese Publikation in der Deutschen Nationalbibliografie; detaillierte bibliografische Daten sind im Internet über http://dnb.ddb.de abrufbar.

© Hinstorff Verlag GmbH, Rostock 2012
Lagerstraße 7, 18055 Rostock
Tel.: 0381/4949-0
www.hinstorff.de

Alle Rechte vorbehalten, Reproduktionen, Speicherungen in Datenverarbeitungsanlagen, Wiedergabe auf fotomechanischen, elektronischen oder ähnlichen Wegen, Vortrag und Funk – auch auszugsweise – nur mit Genehmigung des Verlages.

1. Auflage 2012

Herstellung: Hinstorff Verlag GmbH
Auswahl: Hartmut Brun
Druck und Bindung: CPI books GmbH
Printed in Germany
ISBN 978-3-356-01527-0

INHALT

Jürgen Pump
Mäckelborger Dolmetscher söcht — Seite 9

Gerd Lüpke
De Fleig von Wismer — Seite 15

Jürgen Rogge
Koppweihdag — Seite 17

Wolfgang Mahnke
Morgens Fango – abends Tango — Seite 19

Lilo Arendt
Dat Dischgebett — Seite 23

Peter Kunze
Dat Kaffeewater — Seite 25

Dietrich Hoffmann
Rümmerdoktern — Seite 27

Karl-Heinz Madauß
Wenn einer en bäten identisch is — Seite 30

Rüdiger Kerber
Jäger- un Anglerlatein — Seite 32

Dietrich Sabban
Worüm ik kein Breiw mihr schrief — Seite 33

Heinz Martin
Woneem schüllt de Gäst sitten — Seite 38

Klaus Jonas
Schippsdöp — Seite 44

Peter Kunze
Dat verklemmte Schipp — Seite 46

Gerd Lüpke
De meckelborgsch Loreley un wat Hannes Suckow ut Rostock dor för 'n Last mit harr — Seite 52

Behrend Böckmann
Woans man taun Dokterhaut kamen kann — Seite 59

Heinz Kägebein
De Grillparty — Seite 64

Helmut Hillmann
De Irrtum — Seite 68

Harald Ringstorff
Anton in de Stadt — Seite 70

Barbara Kundt
Wat is denn, du Norslock?! — Seite 71

August Wulff
Een Brillengeschicht — Seite 76

Joachim Puttkammer
Die Sache mit dem Gebiss — Seite 78

Jürgen Pump
Ein' gauden Fründ — Seite 81

Wolfgang Mahnke
Lütt Verwesslung — Seite 88

Peter Drews
Kloetenkoem mi grugt vör di — Seite 90

Wolfgang Kniep
Pech — Seite 95

Erich Stübe
Is swor tau düden — Seite 98

Karsten Steckling
Sie Ihr Ditschi Klaus — Seite 99

Joachim Busch
De Oll up 'n Uniplatz — Seite 102

Wolfgang Mahnke
Dei Hochtietsnacht — Seite 107

Dietrich Hoffmann
Dat Tschipp-Kortenspäl — Seite 109

Jürgen Rogge
De Katteiker — Seite 113

Wolfgang Mahnke
Dat Dodenmahl — Seite 116

Klaus Regolin
De Verkünnigung — Seite 121

Dietrich Sabban
Striet up den' Wihnachtsmänner-weltkongress — Seite 126

Gerd Lüpke
Putting orrer Woans Fritz Reuter in den Häben keem — Seite 134

Jürgen Pump

Mäckelborger Dolmetscher söcht

Nülich harr mi wedder mal dei wunnerbore Döst in' Kraug dräben un ick möt iehrlich taugäben, dat ick mi giern drieben laten heff. Mi tau Siet seeten Knulli Tölmann, Manni Knilch un Dunner Gläunich, dei äbenso as ick den'n Kampf mit 'n Döst upnamen harrn. Denn ok sei wiern in anner Ümständ'n kamen un binnenwarts dull gräsig utdrögt. Dat wier 'n Taustand, dei in Gauden nich fix afftauännern wier un dei Drinkerie treckte sick nahst ok bannig hen. Oewer gauden Mauts mit Sluk för Sluk drünken wi so nah un nah dei Drögnis ut 'n Liew rut un dat griese Läben kreeg dunn sachten ein klürig Farw. Ja sachten würd drunken un nich so groff, as Lessing maleins seggt harr: „Man kann schnell trinken, aber nie genug!" Wi höl'n uns dorüm leiwer an' Kräuger Schiet, dei ümmer bilöpig säd: „Jeder Mensch hat das Recht auf Durst!" Ja, un mit dissen Snack wier'n wi ok heil taufräden.

Nah, wi tauvör all seggt, dat Läben würd klüriger warden un dei Tungen in' Snutenwark dreihten sick intwischen ok löpiger as sünst. Flietig droenten wi up dal, un jederein wüsst wat tau vertellen. Man würden Knilch, Tölmann un ick tauseihns lieser warden, wiel Dunner Gläunich all's üm sick rüm mit siene narrsche Ökelie daldükern ded. Dat wier nicks Nieges, wenn hei nah 'n sössten Koem as „Geschwätzführer" ümmer so'ne mallen Vertellers up siene Tung kreeg, dei nahst unverseihns mit 'n driesten Köpper in uns' Gläs hüppten. Un dor ankamen würden sei dunn fix as „Wohre Loegen" dalspäult. Ja, Dunner Gläunich stäwelte ümmer mit 'n Hasenfaut tau Kraug, wildess wi man blot unsen Döst nah'n Kraug slöpten.

Ditmal bröchte Dunner Gläunich 'ne lütte, brune Buddel in 't Spill, dei hei ut siene Büxentasch vörtaaste un kortfardig up 'n Disch sett'te. Kräuger Schiet slög furts Larm un bölkte „Bi mi ward ut miene Buddels sapen!" Oewer fix verklorte Dunner Gläunich, dat dat kein Buddel tau'n Drinken wier. Välmiehr wier 't 'ne Flaschenpost, dei em von Häben dal in siene Dackrönn follen wier. Ja würklich, dat säd hei, ein Buddel von Häben in siene Dackrönn. Un dorbi harr hei noch ein' bannig klauken Snack tautaugäben. Mit väl Bedüdung wüsst hei tau mell'n: „Mäckelborger, dat sünd dörchweg gaude Minschen!"

Jä, dor säd hei woll würklich dei Wohrheit, dat möt 'n iehrlich taugäben. Oewer woans keem hei an dit wohre Wurd un ick frög em nah Bewiese dorför.

„Dei heff ick!"

„Ach wat, wat du nich seggst. Denn wies sei mal vör!"

„Hier in dei Buddel sünd sei verwohrt, brukst blot dat Poppier ruttrecken!"

„Wat denn, in disse Buddel? Dunnerwäder noch eins, dat stünk jä wedder bannig nah 'n Loegensnack. Oewer 'n bäten scharper ögten wi liekers nah dei Buddel hen. Un iehrer ick mi sülben versiehn harr, güng miene Pot all sträwig nah dei Buddel hen un ick treckte ut ehr 'n Flyer rut, so as hütigendaags dei Faltblädder heiten daun. Un in groten Baukstaben stünd dorup tau läsen: *An dei Dackrönn soebenhunnertdusenduntwei.* Un as Afsender stünd man blot kort 'ne e mail-Adress: *www. Leiwer Gott.hä.*

Oha, wat wier denn dit? Sowat künn in Gauden doch nich angahn, dat dei leiwe Gott mit Buddels in Mäckelborg rümsmieten ded. Oewer wohrschienlich wier dat 'n Verseihn un dei Buddel süll för 'n Papst siene Rägentunn sien. Dor harr dei Breibendräger in Häben woll tau dull uthalt un dei Buddel oewer Italien weg nah Mäckelborg smäten. Künn womoeglich oewer ok sien, dat hei dei Dackrönnentahl verwesselt harr.

Na ja, wier jä ok pottegal. Wi würden oewer nahst fix gewohr, dat dei Breibendräger sick nich verdan harr. Dütlich stünd up dei tweite Siet baben oewer weg schräben:

Mien leiwer Soehn Dunner Gläunich!

As ick dat von baben seih, hest du up Irden ümmer gauden Döst. Dat stürt mi twors nich sünnerlich, man argern deit mi dat, dat du väl tau dull in dat Wurd „Prost" verleiwst büst. Bäter wier 't woll, af un tau ok mal „Gott sei Dank" tau seggen.

Oewer nu wat anners. Mi is tau Uhr'n kamen, dat up Irden intwischen tau väl Hülpslüd un Taudrägers för 'n Düwel rümlopen daun. Dat möt ännert warden. Dorüm heff ick 'n Breif an' Düwel affsett't un em mit scharpe Würd up dei Knoewel haugt. Man vierteihn Daag later keem mi dunn 'ne e-mail in' Häben antaufleigen, in dei dei Düwel wat up hochdütsch schräben harr. Hochdütsch is oewer bether in Häben nich liehrt wurden un ick heff ok nich vör, mi an dei malle Rechtschreibreform dei Tähn' uttaubieten. Wiel nu oewer dei Amtssprak in Häben all ümmer dat Mäckelborger Platt west is, heff ick di dat Düwelsschrieben tau'n Oewersetten bileggt.

So, nu kam in dei Puuschen un drink mi nich sovääl.
Hartlichst, Dien leiwer Gott

Dormit leggte ick dat Schrieben dal un wi swegen ierst 'n lütten Momang. Blot Kräuger Schiet wier wedder mit sien Snutenwark bannig wiet vörweg, un harr den'n leiwen Gott woll so'n bäten verkiehrt verstahn. Hei börte sien Glas un säd tämlich iernst „Gott sei Dank!" Manni Knilch oewer künn sick gor nich holl'n un wull furts weiten, wat in dat Schrieben stahn hett.

„Jä, dat wier man tämlich kort abunnen von Düwel", un bi disse Würd treckte Dunner Gläunich sachten 'n Breif tauvör, ut den'n hei dunn driest vördrägen ded:

Sehr geehrter Herr Oppositionsführer!

Es tut mir unendlich leid, Ihnen keine Antwort auf Ihr Schreiben geben zu können. Leider beherrsche ich die mecklenburgische Sprache nicht. Wie Sie also sehen, gibt es zwischen Himmel und Hölle keine gemeinsame Sprache. Es wäre aber in diesem Falle wünschenswert, dass zur Beseitigung der Sprachprobleme endlich mal ein Mecklenburger seinen ständigen Wohnsitz in der Hölle nähme.

Mit flammenden Grüßen, Der Teufel.

Manning noch eins, dat wier di oewer 'n scharpen Snack von' Düwel un wi harrn binah uns' wunnerboren Döst vergäten. Man tau'n Drinken blew jä kum Tied, wiel Dunner Gläunich intwischen ok all sienen Breif an leiwen Gott prat harr:

Mien leiwer Gott, giern schriew ick trügg nah di in'n Häben. Oewer leiwer noch as dat Schrieben harr ick mit di 'n lütten Kloensnack makt un di dor baben maleins besöcht. Man dat lat ick nu vöerierst blieben, denn bether is je keinein von dor wedder kamen.

Dat Düwelsschrieben heff ick gliek in 't Plattdütsche ümschräben. Dormit ick oewer in Taukunft nich ümmer oewersetten möt, heff ick mi furts nah 'n leegen Minschen in Mäckelborg ümkäken, dei achteran as Dolmetscher in dei Höll trecken künn. Wier oewer nix tau maken, leege Mäckelborger schient dat nich tau gäben.

Hartlichst, Dien Dunner Gläunich. (2007)

Gerd Lüpke

De Fleig von Wismer

In Wismer harr 'n Fleig ick funnen,
de harrn se an de Weig all sungen,
se süll in 't högste Glück vergahn –
dat hett se dahn.

Ick höl de Fleig in miene Hännen,
se künn sick gor nich doran wennen.

Denn keek s' ok noch so döstig ut …
Ick leet se rut.

Se flög furs na mien'n Wien ut Franken.
Den wüsst se mi barborsch tau danken.
Se sümmte, brummte as verdull
un söp sick vull.

Denn kreeg de Fleig son lütten Kater
un Nahdöst na kolt Sprudelwater.
Dat harr mien Fru bestellt för mi.
Dor güng se bi.

Dat geew 'n groden Kuddelmuddel:
Se stört'te af – föl in de Buddel,
natt as lütt Heining bi de Döp –
un se versöp.

Wat keek de arme, lütte Fleig,
as se so dot in 't Water leeg!
Ick öwer, Fründ, ick rad di good:
Drink Wien! An Water geihst du dot! (1996)

Jürgen Rogge

Koppweihdag

Ik harr Koppweihdag un min Husdokter kem dormit nich trecht. Dor schickt' hei mi na 'n Nervendokter. Na, ik wull ierst nich, denn ik harr dat woll doch nich mit de Nerven. Öwer mit 'n Kopp harr ik dat, dat stimmte. Also hürt' ik mi üm, wo de nächst Nervendokter woll is. Dat wir in de Kreisstadt, blot 30 Kilometers af. Dor hew ik denn antelefoniert un mi 'n Termin gäben laten. Den' kreg ik all in drei Mand. Wenn ik denn noch läben ded.

De Koppweihdag würd'n leger un ik führt einfach ahn Termin na den' Dokter un hew mi henset, bät ik na tweieinhalf Stunn' an de Reig wir. De Swester harr jo ok seggt, dat dat duern künn.

Vörher harr ik noch 10 Euro betahlt, wil min Öwerwiesungsschien noch von dat vörrig Quartal wir.

As ik nu bi den' Dokter set, hei wir all in 't Seniorenöller un seg tämlich mäud ut, fragt hei: „Na, wat sitt Sei denn in 'n Nacken?"

Ik vertellt' nu öwer de Koppweihdag, dat sei von 'n Nacken na vörn schöten un mi oft nich slapen löten.

„Jo", säd hei un drückt' mi von achtern an 'n Hals, dat ik von 'n Stauhl hochsprüng, „Sei hebben dat nich in 'n Kopp, sonnern blot an 'n Kopp. Öwer irgendwat sitt Sei in 'n Nacken. Mit Ehr Fru is allens in Ornung?" Ik nickte.

„Geldsorgen hebben Sei nich?" Ik schürrt' den' Kopp.

„Arbeit hebben Sei ok noch?" – „Noch", säd ik.

„Un hebben Sei ok Kinner?" – „Vier."

De Dokter lähnt sick trügg. „Denn vertell'n Sei mal."

Un ik snackt' öwer Andreas, de arbeitslos word'n wir.

Un ik vertellt' von Anke, de all den' tweiten Kierl harr un wedder in Scheidung leg. Un von Erwin, de in ein Amt Arbeit harr. Hei kennt sick mit de Paragraphens ut. Nülich bi min Geburtsdagsfier hett hei uns 'n Vördrag holl'n öwer dat Arben. Wenn min Fru orrer ik dot blieben, will hei sick utbetalen laten, sinen Andeil hebben. Dat de, de öwrig blifft, denn dat Hus verköpen mütt, dat hett hei woll nich bedacht.

Ja, un denn is jo noch uns lütt Jochen. De hett in de niegen Tieden Drogen prauft, is sinen Führerschien los un mütt för ein unehelich Diern betalen.

As ik so vertellt', würd mi klor, dat mi tatsächlich allerhand in 'n Nacken set. Süll'n de Koppweihdag dorvon kamen? De Dokter harr dat woll gliek markt.

Ik hürt' nu up mit min Snacken un de Dokter makt' sin Ogen up, kek mi an, as wenn hei sik besinn'n müsst, un fragt: „Un hebben Sei ok Kinner?"

(2010)

Wolfgang Mahnke

Morgens Fango – abends Tango

As dat fast stünn, dat mien Fru sick vier Wochen lang in ein „Herz-Kreislauf-Reha-Klinik" kurieren laten künn, hew 'k ahn langen Oewerleggen seggt: „Ick kam mit. Wat sall 'k all dei Tied hier allein?"

Dei Antwurd von'ne Klinik wier annern Dag dor: Hartlich wilkamen, in't Gästehus is 'n Timmer reserviert un wenn 'k wull, stünnen mi Sporthall, Muckibaud un Schwemmhall jeden Dag kostenlos tau Verfügung. Dit keem mi taupass. Ick drög orrig 'n poor Kilo tauväl mit mi rüm. Dit wier 'n Gelägenheit tau'n Aftspecken.

An'n Mittwoch hebben wi Quartier nahmen, an'n Dunnersdag wüssten wi, wurans 'n Klinikdag utsehg. Friedag löp mien „Kilodal-Programm" an; morgens un nahmiddags, ümmer wenn mien Fru ehr „Anwendungen" hard.

Wenn ick nah dei Schwemmhall wull, müsst ick 'n langen Gang dal gahn, an den'n väle Behandlungsrüm leegen. Badeabteilung/Fango, Trainingsraum, Gymnastikhalle, Dr. Sounso, Entspannungsraum, Labor, EKG un so wieder. Dorvör seeten sei nu, dei Patienten, einzeln orer in Gruppen un täuwten, dat sei upropen würden. Mi is glik upfoll'n, dat sei all bannig leeg utsehgen. Weck wiern blass un harden deipe Schatten unner ehr Ogen, anner seeten mit 'n hochroden Kopp dor, an den'n dat schweitnatt Hor kläwte. Dei Blassen keemen woll grad von't EKG, dei Schweitigen harden woll Nordic Walking achter sick. Sei keeken stur för sick dal. Von Unnerhollung wier kum wat tau hür'n un wenn, denn hadden sei ehr Krankheiten bi dei Uhr'n. Sei deeden mi leed. As ick in'n forschen Schritt up dei Schwemmhall taugüng, dacht ick: Hest du ein Glück, dat du dor nich tauhürst.

Nahmiddags drünk ick in'ne Kaffeeteria Cappuccino. So recht in Rauh künn 'k em oewer nich geneiten, denn väle Patienten seeten ok dor un wier'n bannig an't Vertell'n. Dit un dat schnappte ick up. Ehr Krankheiten würden von Shoppengahn, Kurschatten un all sowat verdrängt. Sei makten nu 'n ganz annern Indruck up mi. Hor frisiert, statt Trainingstüch orrig Kleedung un af un an lachten sei sogor 'n bäten.

Bi't Abendbrotäten güng't bannig hild tau. Unner Tuscheln un Flustern würd dat Äten fix dalschlungen un bald wier dei Saal leddig. Dei Bedeinung hülp uns „Niegen" up 'n Weg. Dei Patienten brukten dei Tied för 't Anhübschen un Up fidumm'n, denn hüt Abend wier „Danz in't Foyer", woll dat Schönst, wat dei Klinik tau beiden hard.

Natürlich güngen wi ok hen. Ick trugte mien Ogen kum, wur schmuck nu dei grote Ingangshall tau't Danzen inricht wier. Un wo fein sick dei Patienten makt harden. Sei nippten an ehr Wien- orer Biergläs un täuwten, dat dei DJ Schiewen upleggte.

Wi wullen blot 'n bäten Taukieken, denn nah dat Afmarachen den'n Dag oewer harden wi tau't Danzen kein grot Lust. Tauierst güng dat sinnig los. Dei Poore schwäwten tau Walzer un Tango oewer 't Parkett. Dorbi nehmen sei woll ok „Witterung" up, weckerein tau weckern passte. Bald oewer würd dei Gangort wat fixer un dei Gesang luder. Sei nippten nich mihr, nee in vull Tög würd drunken un dat würd ok nich mihr gläswies, sonnern buddelwies bestellt. Dei Musik würd ümmer heiter, Stolas flögen oewern Disch, Schauh achteran, barst danzen wier anseggt. Dat heit von danzen künn kein Räd mihr sin. Manns- un Frugenslüd hüppten ümher un deeden, as wullen sei sick ehr Liew verrenken. Ob dit Gedau noch tau toppen wäst is, weit ick nich, denn uns würd dat tau bunt. Musik un Gesang drönten noch langen dörch 't Hus.

As ick annern Morgen tau'n Schwemmen güng, seeten sei wedder dor, dei Patienten. Un ick hard den'n Indruck, sei sehgen noch leeger ut as gistern. Dei Blassen wiern noch blasser un dei Schweitigen noch schweitiger. Man, sei deeden mi nich mihr so dull leed. Ick wüst je nu, dat disse Patienten twei Gesichter harden. För dei, wecker an'n Morgen noch dalschlagen up ehr Behandlungen täuwten, sehg Nahmiddags bi'n Kaffee dei Welt all anners ut un abends bi't Danzen harden s' all ehr Weihdag vergäten! (2009)

Lilo Arendt

Dat Dischgebett

Uns' Korlemann keem antolopen,
sien Mudding harr to'n Eten ropen,
un ielig harr 't de lütte Schleef,
wieldat hüüt Plumm' un Tüften geew …

dat is, wer kann dat woll vergeten,
so'n richdig Meckelbörger Eten.
Plumm' un Tüften, Zwiebel, Speck,
dat putzt een glieks mit 'n Teller weg.

Doch bevör 't an 't Eten geiht,
hett allens siene Örnlichkeit –
de Stewel ut, rin in'ne Puschen,
un denn warr'n de Hänn' ierst wuschen,
dat Dischgebett ok nich vergeten –
denn alle Daag bi 't Meddageten
– dat hüürt dorto – denn seggt man Dank
den'n lewen Gott för Spies un Trank.

„So, mien Jung, nu hau man rin,
eet allns fein up, denn schient de Sünn!"

Uns' Körling hett ok flink probiert
un hett sik fürchderlich verfiert,
fix leggt he sienen Löpel dal –
„… dat 's noch to heet, wi bäd nochmal …"

(2003)

Peter Kunze

Dat Kaffeewater

Martha schöw sachten un taufräden nah Hus. Wier doch wedder einen schönen Kaffeekloenkring wäst bi Erna. Wat künn Erna oewer ok einmal för prächtigen Kaffee kaken. Irgendeinen Schislaweng möt se dorbi hebben, den 'k noch nich kennen dau. Möt ick ehr doch reinweg eins nah fragen.

Eigentlich har ick ja rasch noch eins gahn müsst … oewer, ach wat, bet nah Hus holl ick dat noch ut. Richtig, bi Slachter Meyer wull ick noch rin. Stahn ganz Deil Lüd' dor, oewer Fru Meyer bedeent ja fix.

Au! Nu ward sick doch all de Kaffee mellen. Geiht ok nich recht bettau hüt. Wat queest de Ollsch dorvörn blot rümmer. Sall 'n Hus wider gahn, wenn se nich weit, wat se will.

Auweih! Dat ward all ollich trecken in'n Liew. Dat helpt nich, hier kann 'k mi nich mihr uphollen. Man forsch rut hier. Dunnerlüchtig! Ick dörf gor kein groten Schräd maken, sünst malürt dat hier all. Nu kümmt mi ok noch Schmidtsch oewern Weg. De hett mi noch fählt. Nich stahn bliewen. Lat ehr denken, wat se will.

Minsch! Dit sünd ja all Wehdag, sünd dit ja all. Dor platzt doch woll gliek wat vonein.

Gottseidank, dor is de Husdör. Nu de Trepp. Vörsicht! Blot nich de Föt höger bören as nödig. Man god, uns Hus is ollmodisch. Wi hebben noch 'n Halwtreppdeperkabinett. Mein je, wenn von Möllers dor ein up is. Denn malürt', denn malürt'!

Lew Gott, lat dat fri sien. Lat dat fri sien, lew Gott! – Oh! Dank di, dat is fri. Dit Schummern hier. Möller hett ümmer noch kein Beer indreiht. Is egal, is ganz egal, blot rin un rup un ... Erlösung ... Erlö ...

Oh Martha, wo is di mit einemal.

Dat geiht so'n Warmnis de Beinen dal.

Dat krüppt in de Schauh un krüppt wedder rut un Huch! ward se huchen bannig lud.

Oh Matha! Oh Martha! Du harst dat tau hill.

Du sitzt up 'n Deckel un nich up de Brill!

(1997)

Dietrich Hoffmann

Rümmerdoktern

Nah den Genuss vun Vullkornbrod kreeg ik Koppweihdag, bisonners in de linke Schläfe. „Dat 's nich normal", seggt mien Fru, „gah doch mal ton Dokter!"

„Tschä", seggt mien Husarzt, nahdem hei mi Blaut afnahmen un mi up de Waag uttariert harr, „damit müssen Sie zum Internisten."

De Internist het mi Blaut afnahmen un up de Waag stellt. „Erstaunlich, erstaunlich", seggt hei, „die Werte Ihres Hausarztes stimmen annähernd mit meinen überein. Da müssen wir nur noch ein gluköses Hologramm zur Calciumdispersion machen."

Het hei ok makt, het den Kopp schürrt un denn meint: „Ich überweise Sie zur Allergiefeststellung."

Also ik af ton Hautarzt vun wegen de Allergiens. Blaut afnahmen, up de Waag stellt, gluköses Hologramm för de Calciumdiscooperatschijon. „Ich staune, die Werte meines internen Kollegen stimmen prinzipiell mit meinen überein. Bleibt nur noch der hautrezeptorische Antidiffusionstest mittels reimportierten Salustanpflasters." Het hei makt, het den Kopp schürrt un seggt gauden Mauts: „Auf zur psychsomatischen Abdomalyse Ihrer zerebralen Hypochondritis ins Psychoanalytische Zentrum!"

Man, hew ik dacht, nu stüer ik all up de Klapsmöhl tau. Bün aewer hengahn, möt jo mien Versäkerungsbidrag afarbeiten. De Seelenklempner har nich mol 'ne Kautsch. Wier bi em as bi ein orrigen Dokter: Ierst dat Blaut, denn de Waag, denn dat Hologramm un denn de Antidiffusionstest. „Erstaunlich, meine Kollegen haben sich nicht geirrt. Also auf zur Psycho-Abdo der Zere-Hypo!" Het ok nix bröcht. Ergebnis negativ, wat för uns Patientens jo positiv is. „Wem kann ich Sie nun überweisen? Dem Internisten – ach, da waren Sie ja schon ... Was meinen Sie?"

Dat wier nu dat ierst Mol in mien Lewen, dat ein studierten Medizinmann vun mi ein fachlichen Rat afverlangt het, un ik in mien Oewerraschung un Verlegenheit segg: „Woans wier dat mit ein Ornithologen?"

De Psychiater wier bigeistert: „Hervorragender Vorschlag! Sie meinen natürlich den Stomatologen, auch Zahnarzt genannt. Da brauchen Sie ja nicht mal 'ne Überweisung von mir. Sie verfügen doch über eine gültige Chipkarte?"

Ik verfügte. De Tähnpükerin kiekt in mi vun baben rinner. „Vullkurnbrod un Koppweihdag?" Ik plinker mit dat linke Oog; mien Mul harr sei jo upspunnt. „Un 'n knackigen Knust mit dörchbacken Kürsten?" Ik plinker mit dat rechte Oog. Het mi dat Wief doch links 'n Tähn ruterexpendiert, un an'n nächsten Dag künn ik all wedder mien Original Mecklenburger Küstenbrod eten, ahn Hülp vun all Dokters un Perfessers. „Tschä", grient mien Fründ Korl Schluckjau, „so geiht dat einen, wenn hei in dat medizinische Schneeballprinzip rinnerschliddert. Ik wunner mi blots, dat Du nich ok bi den Gynäkologen wierst."

(2000)

Karl-Heinz Madauß

Wenn einer en bäten identisch is

Mien Vadder's Vadder, de wahnte jo –
in' lüttes Dörp, in Goldenbow.
Wat sall 'ck dor langen an rümvertellen:
Dor wör sick dat Gericht mal mellen
mit einen Breif bi Buer Koehlen,
de müsst hier den Schulten spälen.
Dat Amt in Parchen frög' ens an,
ob in sien Gemeinde man –
ein gewisser Johann Krei
mit selbigen identisch sei,
der hier im Amt mit Johann Abrahamen
und gleichen Namens eingetragen.
Man möge dieses gleich erfassen,
und selbiges dann wissen lassen,
dem Amt zu Parchim hier verfüglich
und gebe Antwort unverzüglich. –
„Dor hebben wi 't wedder", schimpt de Schult,
„ick heww dat jo so hebben wullt!

Dat Dörp regiern, dat will w' woll kriegen,
man ümmer disse schriftlich Schrieben!
Wat wier mit Krei? Wat wollen sei weiten?
Ob hei … iden – tisch … wat sall dat heiten?
Dor ward 'ck mi nich de Snut verbrennen,
un annern Lüd' identisch nennen!"
Doch 't helpt woll nich, stähnt Buer Hoehlen,
wat müt son' Schult sick me'mal quälen!
Hei halt' sick sienen Schriewkram ran
un fangt den Breif nah Parchen an:
Ich kann vermelden, Ihro Gnaden,
dass wir besagten Krei hier haben,
und dass er bannig Saufen tut,
dabei gerät er mehrst in Wut
un schimpt schon mal auf ditten un denen,
doch Hochverrat würd ich 's nicht nennen.
Un tagsüber macht er seinen Kram
un rechtsch geht er ein bitschen lahm;
doch, ob er auch identisch ist –
untertänig zu melden,
ist amtlich nicht mehr festzustellen …

(1998)

Rüdiger Kerber

Jäger- un Anglerlatein

An de Brüch von de Sud' wir ein Angler taugang. De grote Hekt schwemm üm de Pos' herüm, wull öwer nich anbieten. Dor köm ik von de Jagd. Ik har nix krägen un säh tau den Angler: "Hol mol still, ik scheit di den Hekt!" Geseggt, gedahn, de Schuss güng los un de Hekt zeigte sin Wittes na boben. Wenn de Kugel ut den Lob is, is nix mihr tau moken. Se sette aw von 't Wader. Hinnen an dat Holt dröp se den Rehbuck genau up dat Blatt. De Buck föhl perdauz üm un erslög den Voss, de grod vörbi köm, un kum tau glöben, öwer wohr, beide föhlen up den Haasen, de grod in dat Gras seet un slöp. Nu wieren se all drei in de ewigen Jagdgrünn. Dit vele Waidmannsheil wier mi denn ok tau dull. De Hann' slög ik öwer 'n Kopp tausam – un dor har ik in jede Hand 'ne Wildant'.

(1998)

Dietrich Sabban

Worüm ik kein Breiw mihr schrief

Ik sall mi 'n mailbox tauleggen, hett mi mien Soehn empfahlen. Öwer ik will partou nich! In mien Öller hett einer nich mihr Tiet nauch, dauernd de mailbox tau kuntrellieren un all den' elektronischen Müll tau entsorgen, den' annern Lüd dor rinsmäten hebben. Von de ollen Computerviren gor nich tau räden! De kann ik gor nich bruken! Ik heff all nauch Malesch dormit, mi de ollen Grippeviren jedes Johr in Frühjohr, Harwst un Winter von 'n Lief tau hollen!

Wenn ik mi 'n Händy köpen würd, seggt mien Enkelsoehn, denn künn hei mi doch öfter eins 'n Nahricht nah Mäkelborg simsen. Mi is dat ierstens 'n bäten wenig, wenn dor tau läsen is: „Hey, opa – best wishes to birthday – love you – thanks for money – grandson." Un tweitens is jo mit 'n Händy väl sworer ümgahn as mit 'n Fru, un sülwst dat föllt mi weckmals swor nauch! Ne, wenn mi einer wat tau seggen hett, denn kann hei mi dat entwäder schrieben. Up düütsch un nich up denglisch! Dat würd em öwer orrig wat surer warden as de Simserie.

Doch hei künn mi jo ok antelefonieren. Väl mihr würd dorbi wohrschienlich ok nich rutkamen, denn woans vertellt ward, dat hebben sei intwüschen wägen ehr ewigen SMS all vergäten, doch dat wier denn doch 'n bäten persönlicher!

Minsch, wat hebben wi för Breiw schräben, wi DDR-Börgers. Mienen Andrach up 'n Telefon hett de Düütsche Post 1963 tau ehr allergröttst Beduern nich realisieren künnt. Se kreegen kein Kopper för de Leitungen ran. Nich oewer Angola un nich oewer Mocambik un all gor nich mihr ut Chile. Sei wullen öwer bi „veränderter Lage" dorup trüchkamen. Doch ierst 1993, dörtig Johr nah mienen Andrach, mellte sik de Telekom bi mi wägen „veränderter Lage" un fróg, ob ik noch reflektieren deed. Sei harn mi sogoar in Lurwigslust funnen, wo wi dunn all 10 Johr wahnen deden. Ik reflektierte noch, un de Telekom har Kopper. So lang' hebben wi Breiw un Korden schräben as de Unklauken. 25 Wihnachts- un Niejohrskorden jedes Johr, kein einfachen, nee, duwwelten, von Geburtsdachs- un Urlaubskorden gor nich tau räden! Un nich blos „wünschen Euch und Euren Lieben, Eure Ludwigsluster". Nee, Breiw mit echten Informationen, Infobreiw sotauseggen! Binah literarisch upmakt. Dat lihrte sik mit de välen Johren, wo einer kein Telefon har. Sülwst wenn wi ein hatt harn, harn wi jo doch schrieben mösst, denn uns Frünn seeten jo mit densülwigen Telefonanschlussengpass an.

Wenn 't in de DDR gerecht taugahn wier, denn harn sei uns all in 'n Schriftstellerverband upnähmen mösst. Hebben 's öwer jo nich dan. Wier möglicherwies ierst nah 50 telefonlosen Johr möglich.

Wenn wi ok nu Telefon krägen harn, behöllen wi de Schriewerie tau de Festdaach un Geburtsdaach tauierst doch noch bi. Ut Gewohnheit! Doch denn füng de Post an, 'n Köper tau säuken för dat schöne Postamt. Ik heff öwer all nich nauch Geld hatt, üm dat Bahnhoffsgebüd tau köpen! Un intwüschen mütt ik hüt all dörch de halwe Stadt führen, üm 'n Breifkasten tau finnen, wo ik den' Breif rinsmieten kann. Ik heff ümmer täuwt, dat dat Breifporto billiger ward, weil jo de Post ehr Monopolstellung ümmer mihr verluren hett, doch intwüschen sünd ut 20 Penning Breifporto 55 Eurocent worden. Öwer 5 ½ mal so väl för einen Breiw betahlen? Dormit sünd mien Inkünfte nich mitgahn. Ik schrief nich mihr!

Dorbi gäben sik väle Lüd grote Mäuh, mit uns in schriftlichen Kontakt tau kamen un 'ne rege Korrespondenz tau ünnerhollen. Nich blos Quelle un Klingel un Otto un Bader un Bakker. Weck hebben uns anbaden, dat wi uns Meinung schrieben tau ehr Wiensorten, de sei uns vörbischicken würden – wenn wi ehr bi ehr nationales Anliggen ünnerstütten würden. De düütsche Post hett mi utwählt as einen von de Juroren, de ehr ümmer ehr Meinung schrieben tau de schönsten düütschen Breifmarken. Demokratie in Äktschon praktisch. De Zeitung will mien „Lesermeinung" hüren doröwer, wecker Fautballweltmeister warden ded. Ik künn denn ok 'n Ballackposter kriegen, un MGM schickt ein Angebot an Weltmeisterschaftssondermünzen nah dat anner. Disse Daach keem sogoar 'n persönlichen Breif, bi den' de Afsender in chinesisch Schrift updruckt wier. „Nationalbank der Volksrepublik China" stünn dor ünner.

Mien Fru har all Bang, ik har möglicherwies vör 35 Johr in Peking mien Hotelräknung nich betahlt. Doch de Bankdirektor, Mister Jiansheng Shan – ik kenn em nich mal – hett mi anbaden, hei wull mi ümmer all' de chinesischen Sondersülwermünzen, de „sülwernen Pandas" schicken, mit de einer in China tatsächlich ok betahlen kann. Wedder einer den' ik bi 't Profitmaken helpen sall. Ik heff ok dissen Breif wegsmäten. Ik bruk kein offiziellen chines'schen Sülwerpandas. Wenn wi Geld bruken, halen wi uns dat von uns Girokonto. Un Geschenke bruken wi ok nich. Uns Frünn' geiht dat grad so as uns. Dorüm ward nu telefoniert. Schräben ward blos noch in 'n Notfall; besteht also kein Gefohr mihr, dat sei unsereinen nu doch noch bi de Schriewerslüd in dat grötere Düütschland in ehren Pen-Club upnähmen daun. Dat is nämlich dat Letzt, wat ik mi wünschen dau. Denn kümmt son iernsten Minschen as ik womöglich noch mit sone wurtgewaltigen Spaßgesellschaftsschriewers as Verona Pooth, Dieter Bohlen orrer Daniel Küblböck an einen Disch tau sitten? Ne, ik nich! Ik telefonier! (2008)

Heinz Martin

Woneem schüllt de Gäst sitten

Ne, Chrischan, sä Alwine, so geiht dat nich! Wi mööt nochmal woller ganz vun vöörn anfangen. De Naams hest du je opschreven. Wat seggst du, süssdig Gäst hemm wi inlaadt? Oh Gott, dat dat so'n Barg wörrn, harr ick nich dacht! Wüllt de all kamen? Wat is denn uck ümmer mit de dösige Tischordnung vermaakt! Dor sitt wi nu je woller böös mit to! Kannst di je richdig mit de Minschen vertöörn, wenn de ehr verkehrt hensetten deist. Dat hett Franziska doch al mal vör vele Johr beleevt. Siet de Kunfermatschoon vun ehrn Max kümmt Grete nich mehr bi ehr in de Döör. Un se kunn doch gor nich weten, dat Schlachter Thoms nich neben Grete sitten dörv. He weer gifdig op ehr, wiel se ehr Schwattsuur ümmer bi Schlachter Erichsen kopen dee! Haal man erstmal en grote witte Stück Papier un teek de Dischen un de Stöhl op. Dat geiht beter, glööv ick. Du kannst de Nams je al mal bi de Stöhl henschrieven; so, as du meenst, dat dat passen deit. Ick sett intwischen de Teeketel op. Steiht dor noch Kööm in 't Schapp? Ick bün bang, dorbi mööt wi en Teepunsch hemm.

Chrischan güng bi un bröch en richdige Kunstwark to Papier. Dat duur twors sien Tiet, aver he weer rein mit sien Wark tofreden un reck Alwine dat al in de Mööt, as se mit Tassen, Buddel un Zucker un de hitte Teeketel op dat Tablett torüchkeem. He keek ehr an.

Se luur op dat Papier un harr furts wat uttosetten: Ne, dat is je dumm Tüüch. Du kannst de Paster doch nich ganz an 't Enn setten. Dat geiht nu warrafdig nich. Na, wüllt mal sehn. Drink man eerstmal: Prost!

Tööv mal, dor achtern op de linke Siet binnen is je blots noch een Stohl frie. För en Poor langt dat nich. Ach, dor kümmt Anneliese hen. De schnackt je ümmer so veel. Hier kann se blots na een Siet schnacken.

Ja, mien Deern, dat is dat doch jüß. Dat gliekt se ganz snaaksch ut. Wenn se dor op de letzte Platz in de Reeg sitt un blots na een Siet schnacken kann, denn meent se, se mutt luder schnacken, wiel de annern dat doch höörn schüllt, wat se tosamenrappelt. Un wenn wi ehr dorhensett, denn muss Mandus al op de anner Siet sitten, wiel he nich goot sehn kann. Ick weet noch, dat se mal Andrees gegenöver seet, un sick in eenweg wiet över de Disch bögen dee, wenn se em wat vertellen wull. Dor rück de sien Teller ümmer so'n beet an de Siet, wenn se em to neeg keem. Wi sett ehr hier her. Vergeet dat Drinken nich, Prost!

Chrischan wiest op sien Plaan.

Dor neben Heine? Minsch, de rifft de Lüüd doch in eenweg ünner de Nääs, dat he blots Mercedes fohrt. Un denn kickt he in de Runn, ob se dat uck all mitkregen hemm. All dat anner döcht nix. He kann sick dat je uck leisten. Aver Anneliese lett doch nix op ehr Volkswaag kamen. Se seggt, Heine hett sick al ümmer so opspeelt. Un dorbi sitt dor gor nix achder.

Wenn wi Anneliese nu hierher sett, denn kummt se neven Hermann. Ach ne, de schmöökt je so veel, seggt Grete. Se hett bi dat Stiftungsfest vun de Gesangsvereen en ganze Nacht neben em seten un müss furts all de Plünnen uttrecken un op de Balkung schmieten, as se nahuus keem, hett se mi vertellt. Un dat dösige weer denn uck noch ween, dat morgens blots kole Water ut ehr Dusche rutkeem. Wat weer se inne Brass! Laat uns mal ruhig wiederdenken. Prost!

Prost! So, de Paster kummt hier nerrn hen. He warrt doch wiss noch wat seggen wüllen.

Ach ja, dat harr ick meist vergeten: Wi mööt Willem jo seggen, he schall nich ümmer dormangschnacken, wenn een wat seggt. Weetst noch, bi de Geflügelzüchters sabbel he so luud mit de Navers, dat de Vörsitter em toreep, he müss al mal still ween, wenn sick een to Woort mellt harr. Segg du em dat man, du versteihst sowat beter. Kann he nich neven Maria sitten?

Oh, Gott, Maria kümmt je uck. Ick will höpen, dat se nich woller so veel Ringen un Bruschen anstickt un Keden ümhangt, dat kann Annelene gor nich af.

Wat tiert dat Minsch sick blots mit all de Kram, säd de to Elfriede, as wi bi Willi to Geburtsdag weern, aver de tucks blots mit de Schullern un meen, is je all'ns namakten Kraam, is doch nich echt. Un denn kennt Maria jo uck keen anner Thema as de Karibik un de Malediven. Weetst du, wo dat liggt?

Elfriede meent je uck, se günnt ehr nich, dat ehr Söhn nu befördert worrn is. Maria ehr Fiede is ümmer noch Inspekter. Mi dücht, dor kann se mit tofreden ween, denn Thomas seggt, in de School weer he en groten Dööskopp un is tweemal nich mit röverkamen!

Ach, wokeen weet, wo dat an legen hett. Lehrer Paulsen weer uck en Aas. Segg mal, köönt wi Erika nich neben Hermann setten? Se schmöökt doch uck, un dat nich to knapp!

Deern, du seggst uck wat. Dat is aver je blots so, dat Erika ümmer vun Krankheiten vertellt, un wenn se ehr egen dörhett, kaamt de vun ehr Navers. En kriggt dat all'ns ganz genau to weten; se lett warrafdig nix ut. Wenn mi aver mal wat fehlt, denn seggt se, ick schall mi nich so anstellen. Weetst noch, as se …

Nu fang mi nich woller mit ehr Blinddarm an! Ick kunn achderan de ganze Dag nix eten. Ne, de kummt ganz achtern op de letzte Platz. Aver tööv mal, ick glöövv, dat köönt wi doch nich maken! Sä Erika nich verleden Johr bi Käthe ehr Geburtsdag, dat unse Deern ehr antike Spegelschapp hemm schall, wenn se ümtrecken deit?

Ja, dor seggst du uck woller wat. Sett ehr man neven de Paster, se kann ehr Wöör je maken. Denn mutt Käthe woanners hen.

Du harrst Käthe de Platz neven de Paster todacht? Wosück weerst du dor denn op kamen, weetst du denn nich, dat de Paster doröver schnackt hett, dat se ümmer na de Kortenleggersch geiht?

Wat sitt wi blots dor mit to! Schenk nochmal in. Prost!

Prost! Un wat is dat denn hier? Du kannst Peter nich neven Paula setten. Betti hett mi doch vertellt – un dat weetst du uck ganz genau – dat de beiden bi de Sülverhochtiet vun Brodersen uck tosamenseten hemm, wat Paula nich passt hett. Dat is ganz genau op de Biller to sehn, de Mandus knips hett. Wat maakt se dor blots för en Gesicht!

Dat deit se je ümmer. Aver dat hett ehr nich passt. Worüm nich?

He is ümmer so dicht an ehr rankamen, un dat kann se je ganz un gor nich af.

Hett he sick denn an ehr schüürt? Is he an ehr Knee kamen oder an ehr Siet?

Ne, dat nich, aver he hett ehr ümmer in de Utschnitt keken.

Ach, dor hett he denn de stieve Hals vun kregen, mit de he dree Daag tümleep?

Du, dorför gifft dat Hölp. Segg Paula doch, se schall düttmal wat anners antrecken!

Du büst je wull nich recht klook!

Alwine, de Buddel is leer. Ick gah gau mal na de Koopmann un haal en frische. – Du kannst intwischen je mal woller vun vörn anfangen!

(2004)

Klaus Jonas

Schippsdöp

Wenn ein Schipp von ein Land in ein anner verköft ward, denn ward dat ümdöpt un kricht 'n niegen Nam. Dor ward denn ierstmal 'n Döppaten söcht un einer, dei de Döpräd höllt. Wenn dat allns trecht is, ward dei Dach fastlecht un ok dei Zeitungslüüd kriegen Orrer. Nu süll sowat mal wedder mit 'n nobles Passagierschipp vörnah'm warden. As Döppaten harr man sick 'n Jung'n von teihn johrn utsöcht un dei Döpräd wull ein Minister holl'n, dei nich siehr beleiw't wier bi dei Lüüd.

Dei Dach is ranner un alle keeken sick dat Spillwark an, dat dor in'n Haben vör sick güng. As dei Jung nu dei Sektbuddel an dei Bugwand von dat Schipp smitt, ward hei dat Oewergewicht kriegen un in 't Wader fall'n. Iehrer sick noch einer verwohr'n künn, is dei Minister all achter an un nah dat Wader rinner. Na nu wier wat los, un man harr alle Hänn' vull tau daun, üm dei beiden wedder up 'n Drögen tau kriegen.

Dei iersten, dei nah de Rettungsakschon tau Stell wiern, sünd dei Zeitungslüüd. Sei spröken denn' Minister ehre Anerkennung ut un lawten siene Entschlusskraft. – „Wat heit hier Entschlusskraft", säd dei Minister, „ierstmal mücht ick weiten, wecker mi in' Noors perd hett!"

(2006)

Peter Kunze

Dat verklemmte Schipp

Dat is nu all wedder ein Tiedlang her, dunn güng ick mit mienen Fründ Korl spazieren un de Frugens peerten uns vörweg. Wi harren von Dit un Dat vertellt, oewer tauletzt wir Korl mit sien Gedanken nich mihr recht bi de Sak, denn he sinnierte so vör sick hen, griente wat in sick rinner un hüng mit sien Ogen einerwägens an sien Fru. Süh dacht ick, de Jung is noch ümmer verlewt. Dorbi is he mit sien Frieda doch ok all bäten in de Johren.

Mit eins säd hei: „Is mien Fru nich ein staatsche, stramme Diern mit ollig bäten wat Handfastet ümrüm? Kiek allein all ehr Achterwagen, is de nich heil prächtig?" – „Ja, dat is woll wohr", müsst ick taugäwen. Dit hett säker ok allens ein bannig Stück Geld kost.

„Dor willen wi leiwer nich von snacken", bögte he af. „Wenn ick oewer nu so dien Fru gegen hollen dau, denn is se ja wull kum dat Hälften. Du schienst mi wat nehrig tau sien. Du letzt ehr woll niks taukamen?"

„Korl!", entrüst ick mi: „Wist du seggen, dat mien Fru bi mi nich naug Äten krigt?"

„Seggen will ick dat nich, oewer utseihn deit dat so", meint he dunn.

„Mien Fru kann äten wat se mag un so väl as se will", mak ick mi nu bös. „Ick schriew ehr niks vör. Dat is bi de Minschen as bi de Diere. Bi weck sleit dat Fauder gaut an un bi weck nich. In lege Tieden kann dien Frida nu ja düchtig wat tausetten un in de Slapstuw möst du ok nich lang na ehr söken."

„Nu bliew man geruhig", würd Korl mi begöschen. „Mit de Sökerie is dat so dull nich mihr un lege Tieden seih ick ok nich kamen, oewer weisst du, dat ein mit so'n kumplettes Frugensminsch Annern ut de Verlägenheit helpen kann?"

„Jung!", reep ick verbaast un blew stahn, grep sienen Arm un kek em in de Ogen. „Dat harr ick nich von di dacht! Büst du no ok all in so'n nimodschen Swienägelverein?"

„Nee, nee", lacht Korl un mök sienen Arm los. „De Swienägel büst du, wenn du wat Leges denkst. Dat mein ick ganz anners. Dor kümmst du allein gor nich up. Dat möt ick di vertellen. Kannst du di noch an de Gaarzer Brügg an den Störkanal besinnen? Disse Brügg let sick klappen un stünn dor, bet de Russen ehr tweiführt hebben. Jeder de kem, künn se sick sülben up orer tau maken, as em dat passlich wir, denn ein Uppassung gew dat dor nich för.

An einen schönen Harwstsünndag führten wi nu eins mit 't Fohrrad von Banzkow an den Störkanal längs. Ick vörweg, denn de Jung un Frida achteran. Milenwiet löpt hier de Kanal liekut in de Lewitz rinner. Eiken un Ellernholt sömen em in un ierst an de Gaarzer Brügg kreg dat Oog wedder hollfast. Sünst stünn se ümmer apen. Hüt wir se oewer tau. As wi nu neger kemen, künn ick seihn, dat ünner de Brügg ein Boot tau'n Vörschien kem. Na ein Tied mark ick oewer, dat kem nich, dat leg dor. Dit is doch narrschen Kram, müsst ick denken. Mökt de dor Quartier ünner de Brügg? As wi rann wiren, kem mit eins as'n Speuk ein Stimm ünner de Brügg rut. ‚Koenen Se uns nich mal helpen?'

Twei jung Lüd kemen tau'n Vörschien un vertellten, dat se ahn Malessen Fridag ünner de Brügg doerchführt wiren. Hüt wullten se wedder trüch un nu stött mit eins de Mastgabel an de Brügg. Mit gegen de Brügg anstemmen harren se versöcht, dat Boot tau dükern. Ierst güng dat ok noch ein Stück. Nu seten se ower fast un dat gew kein Vör mihr un kein Trüch. Upmaken let sick de Brügg nich, denn de Forst harr in de Woch Holt führt. Dat ehr nu keiner de Brügg upmaken künn, wenn se up de unrechte Siet wiren, harren se den Riegel verschweißt. In de Lewitzschlüs harren se de Schütten dicht makt. Nu wir dat Water in de Stör höger kamen un se seten hier in Ewigkeit fast, wenn wi ehr nich helpen. Üm diss Tied kem hier kum noch ein Minsch vörbi. Wi wiren ehr enzigst Hoffnung.

Dit wir nu kein Frag nich. Wat süllten wi hier woll nich helpen. Ein, twei, drei ampelten de Jung un ick von de Brügg oewer dat Gelänner in dat Boot. Denn stemmten wi Vier uns mit alle Kraft gegen de Brügg un kemen ok richtig ein Ennlang bettau. Oewer denn set de Maststummel ünner einen Dräger, un wi künnen noch so väl dicke Backen maken, ‚Hau ruck!' un ‚Tau gliek!' schrien, de Kahn set fast un rögte sick kein Stück mihr.

‚Wat nu?', säden s' all un keken mi grot an.

‚Je, wat nu?', gnurr ick ok un klar mi den Kopp. ‚Nu kann 't denn blot noch uns Mudder daun.'

‚Na Vadder, sünd ji noch nich klor?' säd Frida, de sick bi uns Fohrroed dallaten harr.

‚Mudder, du möst uns helpen. Wi schaffen dat ahn di nich.'

‚Helpen? Wo stellst du di dat vör?'

‚Du mösst mit in dat Boot, sünst ward dat niks.'

‚Mann, du hest woll dienen Klauk nich! Ick war mi doch nich jug tau'n Spijök oewer dat Gelänner in den Kahn wrangen.'

‚Mudder, dat geiht hier nich üm Spijök. Dat geiht um Hülp in einen Notfall. Dat wi an dit Flach vörbikamen sünd, is de jungen Lüd ehr Glück. De finnen sünst wiet un sied hier keinen Minschen.'

As Frida nu all de bedröwten Gesichter sehg, würd se all bäten weiker un meinte: ‚Wenn ick nu lang Büxen an harr un nich den engen Rock, denn würd ick dat ja eins versöken, oewer so, nee. Mit mi nich!'

Dat hett denn ok noch ein bannig Tied duert, bet wi ehr sowiet möhr harren, dat se den Rock uttrecken ded. Wobi wi verspröken, de Ogen dicht tau taumaken un na achterut tau kiken.

Ihrer Frida nu den iersten Foot up dat Gelänner setten ded, frög se ierst noch eins: ‚Hebben ok all de Ogen tau?'

‚Ja Mudder, nu kumm man, de dreigen uns all den Puckel tau.'

‚Du sast oewer ok nich kiken!'

‚Ok up de Gefohr, dat ick mi dat rugenieren dau, oewer ein Og möt ick uplaten, dat ick dien Beinwark up dat Deck stüern kann un du mi nich vörbi tau Water geihst.'

As Frida denn mit väl Huchen un Schriegen ehre 220 Pund oewer dat Gelänner harr un mit beid Föt up dat Deck stünn, – jungedi! Dunn gew dat Luft. Dunn wir dat blot noch ein Klax un dat Schipp wir fri. – Versteihst du nu, wat ick mein, dat 'n männigmal mit 'n kumplettes Frugensminsch einen Annern ut de Verlägenheit helpen kann?" (2003)

Gerd Lüpke

De meckelborgsch Loreley un wat
Hannes Suckow ut Rostock dor för 'n Last mit harr

Hannes Suckow ut Lütten Klein bi Rostock is 'n orrigen meckelborgschen Fischermann, wo ein gaud mit ümgahn kann. He is nich tau grot un nich tau lütt un kann stunnenlang up den Warnowstrom raudern. Ok an Land geiht alls sinnig bi em. Sien Puckel is bäten krumm, de Arm hangen bidal, öwer dat seihn de annern Lüüd gor nich so. De kieken meist na Hannes sienen Kopp. Mit den krusen Bort, de sick von ein Uhr na dat anner hentreckt, mit sien platte Näs un de poor Krüllenhoor rund üm de blanke Glatz süht he meist ut as de oll grieksch Philosoph un Räkenprofessor Pythagoras vör tweieinhalfdusend Johr. Je weiten ja, den sienen verdüwelten Lehrsatz de Kinner hüt noch up de hogen Schaulen liehren. Wobi seggt warden möt, dat Hannes Suckow up sien Ort ok sowat as 'n lütten Philosoph is, blot he makt dor nix von her, bi em sitt dat miehr binnen.

Hannes sien Fru heit Leonore! De Nam keem von ehr Mudder, 'n Buerndiern, wecke 'n Tog na dat Hoge harr. As ehr Diern dor wier, süll de ierst Kriemhild heiten un denn Kleopatra. Man dor sett'te de Familie sick stief gägen – un so keem dor denn doch tauminnst 'n Leonore bi rut. Se würd öwer as Kind all Lore nennt, un dorbi bleew dat ok. Ut de lütt stukig Diern würd mit de Tiet 'n stukig junge Fru, un as de denn Hannes Suckow friegen deed, wier se 'n ganz anner Sort Minsch as ehr Mann. Dat is se ok hüt noch. Se steiht fast in ehr Schauh, smitt den lütten Fischladen un den Markt-Stand up de best Manier – un se böhrt de Fischkisten hoch, dat de Mannslüd de Ogen öwergahn. Grot, breit in de Schullern, mit 'n rund Gesicht un 'n Dutt in't Knick, is se 'n stäwig un resolviert Person. Lore Suckow hett ehren Kierl heil un deil unnerkrägen, so dat Hannes rein nix tau seggen hett. In dörtig Johr is he tamm worden.

An'n Ostersünnabend harr Lore ehren Mann Orrer gäben, he süll taukamen Dag, Ostermorgen somit, rutrudern na sien Aalreusen. De leegen an 't Äuwer von de Warnow, un he süll kieken, of dor wat inseet.

De Fru Senater harr all tweimal anfragt: Se wull för Ostern noch Aal hebben, indäm ehr Dochter sick mit den jungen Reeder Kempowski verlaben wull. Hannes nickte man mit den Kopp, as sien Fru em Bescheid geew. Sünndagmorgen seet Hannes denn in sien Boot un leet sick mit den Strom de Warnow daldrieben. He dacht doran, dat in Meckelborg seggt ward: Wenn an'n Ostermorgen de Sünn upgeiht, denn schütt de dorbi vör Freud dreimal Koppheister. De Sünn deed em dissen lütten Gefallen öwer nich, un Hannes würd vergrellt. Dat läd sick ierst, as he de Buddel mit Köhm rutkreeg, de sien öllst Söhn Otting em ganz stiekum tau Ostern schenkt harr.

As Hannes de leddig Buddel öwer Burd smeet, dacht he an de Reusen. Wier nich väl in, un de poor Aal keemen in de Bünn von sien Boot. Denn paddelte he, nu gägen den Strom, taurüch. Na 'n Tiet bög he in den Rostocker Stadthaben in un wull na sienen Liggplatz hen. Man dor reet he upmal sien Ogen ganz wiet up! Baben öwer em seet 'n jung Diern in'n dörchsichtig Kleed up den einen Anleggerpoller un kämmte ehr langen, blonnen Hoor. Hannes wüsst nich, wat süll dat bedüden? De Sünn stünn achter dat Mäten, dat Licht wier gaud, un he künn best dörch alls henkieken. An de Jungwer wier wohraftig alls an, wat an son Diern ranhürt, – un denn süng se ok noch mit säute Stimm: „Oh Hannes, wat 'n Haut!" Hannes Suckow schulte blot noch na baben – man de Diern up den Poller keem an em vörbi. Se süng förfötsch wieder un höl ehren wunnerschönen Kopp dor son bäten scheif bi. Ehr blage Ogen keeken in den Rostocker Stadthaben mit sien slierig Wader, as wier dat de Rhein, wo se as Loreley ja eigens henhüren deed, un se müsst dat Rheingold säuken, den Nibelungenschatz. Öwer den finnt hüt woll keiner miehr – dor is för wiss einer vun de burgundischen Ministers orrer Gewerkschaftsbosse mit dörch de Lappen gahn – villicht gor Held Siegfried sülben, de wüsst dor ja ok Bescheid öwer.

Na gaud, mal afseihn von de Nibelungen: De Diern up den Poller in'n Rostocker Haben kämmte sick un süng. Ut dat schetterig Wader keeken poor Döschköpp rut, – Rheindöchter hett dat in de Meckelborger Habens ja nie nich so väl gäben, – un ümmer wedder wischte sick ein von de Döschköpp, wecke in Meckelborg ok Pomuchelsköpp heiten, de Tranen ut de Ogen. Hannes Suckow öwer markte dor gor nix von, he seeg nix anners as de Diern dor baben. Öwer so is dat nu mal bi de Meckelborger Fischers, wenn se de Loreley tau seihn kriegen.

Hannes tauminnst wier wiet weg! He harr de Hännen half hochböhrt – em swömmen de Reimen weg – sien Boot keem ganz un gor von den Kurs af – Hannes kreeg dor nix von mit. Un baben em süng de Diern in'n hogen Sopran, orrnlich mit Kollerturen: „De Haut, de hett 'n Daler kost't!" Denn öwer leet se mitmal ehren Kamm fallen, slög de Hännen vör de Ogen – un dor ballerte dat ok all! Hannes harr mit sienen stäwigen Kahn dat Boot von de Waderschutzpolizei mitschipps rammt! Dat Schandarmenboot makte Wader un buddelte sinnig af.

Na Ostern stünn denn in de „Ostsee-Zeitung": „Aus dem Polizeibericht … Der Fischer Johannes S. aus Lütten Klein hatte am Ostermorgen eine nach seinen eigenen Angaben übersinnliche Erscheinung. Er gab vor, eine wohlgeformte weibliche Gestalt in sehr leichter Kleidung gesehen zu haben, die ihre Morgentoilette auf einem Festmacherpoller sitzend durchgeführt habe. Bei diesem Anblick verlor der Fischer S. nach eigener Aussage die Gewalt über sein Fahrzeug und versenkte dadurch vermittels seines verstärkten Vorderteils das Boot Nr. 27 der hiesigen Wasserschutzpolizei. Es gelang S. jedoch, die beiden erheblich überraschten Polizeibeamten des Bootes aus dem eiskalten Wasser zu retten. S. erhielt daraufhin eine amtliche Belobigungsurkunde sowie eine Anklage wegen versuchten Totschlags in Tateinheit mit Trunkenheit am Ruder. Die mangelhaft bekleidete junge Dame wird als Zeugin gesucht –, bislang fehlt allerdings jede Spur von ihr."

As Lore Suckow dat läsen deed, – de Fru Senater hatt ok all wat in disse Ort andüd't, – stört'te se man so up ehren Kierl dal: „So?! Na junge Dierns kieken, wat?! Wenn se sick de Hoor kämmen! Un wenn se in't Nachthemd an'n Haben sitten! Kiekst du mi woll tau, wenn ick mi kämmen dau?! Öwer ick sett mi ja ok nich in son Fummel an 'n Haben up'n Poller! Ihgitt doch ok! Nochtau an'n Sünndag üm Karkentiet! Un denn führst ok noch de Polizei tau Schannen! Du oll Supsack! Öwer täuw …!" Denn kreeg Hannes Suckow von sien Fru Lore ganz gräsig dat Jack vull.

An'n Abend frög Hannes sien Söhn Ötting em denn, woso he de ganze Tiet stillhollen har. Sien Vadder dacht 'n Ogenblick na un meinte denn in aller Rauh: „Chott, Jung, Mudder makt dat nu mal Freud – anners hett se ja ok nich väl von 't Läben … Un ick mark dor ja meist nix von. Nee, dat räken ick gor nich."

Süh, un ut disse Beläwnisse kann de Minsch twei Dingen liehren. Ierstens, dat 'n Lore ut dat Ümland von Rostock nie nich kein Loreley is – noch nich mal 'n halbe. Denn öwer ok, dat in den Rostocker Fischermann Hannes Suckow wohraftig wat von den griekschen Pythagoras insitt. Wenn de oll Philosoph denn ja ok de Loreley noch nich kennen künn – un all gor nich de Loreley von Meckelborg.

(1999)

Behrend Böckmann

Woans man taun Dokterhaut kamen kann

Kinner hemm' 1940 bi't Spälen inne Gägend von Montignac in Frankriek 'ne Höhl funnen, in dei Biller anne Wänn' malt wiern. Disse Höhl von Lacraux is hüt inne Welt bekannt, Dusende sünd kamen, üm tau seihn, wat dor tau seihn is. As man sik dei Biller anne Wänn'neeger bekäken däd, is 'n dorhen kamen, dat s' all von uns hoorigen Vöröllern ut dei minschlich Vörtied stammen. Oewer disse Teiknungen anne Felswänn' mösst un künn'n sik wull 'n Kopp maken oewer dat würklich Öller, oewer dei Farwen un denn Sinn utdüden un sik fragen, worüm s' Dierten un nich sik sülben afbillt hemm'. Gaud vörstellen kann 'k mi ok, dat dei Biller von Lacraux männig klauken Minschen dortau verläden hemm', ut all dat Wohre un dei välen Spekulatschonen 'ne Dokterarbeit tau schriewen.

Siet por Johr koenen dei Lüd in Lascaux nicks mihr seihn, denn dei Aten von dei välen Besäuker is dei Biller nich bekamen. Oewer man kann sik Biller in Bäuker beseihn, väl oewer sei läsen, inne Häbenutkunft gifft dat dortau oewer 21 000 Indräch.

Nu gifft dat hütigendachs ünner uns noch Minschen, dei sik in't Klosett as 'n Höhlenminschen fäuhlen un grad so as in Lascaux, dei Wänn' bemalen. As ik na'n Krieg inne Dörpschaul keem, wiern all Biller anne Klosettwänn'. Un as ik baukstabieren künn, füng ik an, dei Sprüch tau läsen: „Kinner maken, dat is Pflicht, dormit dei Staat Soldaten kriecht." Dat stünn in ein Wand, anne anner „Drück ganz dull mit all dien Kraft för dei dütsche Landwirtschaft" un oewer dei Rönn' för 't lütte Geschäft stünn: „Mieg' nich dornäben, du oll' Schwien, dei nah di kümmt, barst künn hei sien." Dat sünd blot por Sprüch un näbenbi, inne Häbenutkunft sünd dortau bummelig 13 000 Indräch verhannen.

Nu stünnen dor in'n Schaulaftritt natürlich ganz anner Wür, as ik sei hier upschriew. För Kinner maken stünn 'n Wurt mit „f", för drücken eins mit „sch" un för miegen eins mit „p".

As ik mien Mudder von dat, wat dor tau läsen wier, vertellt heff, hett s' mi secht: „Dat sünd ganz lege

Wür, dei nähmen Minschen as wi nich in'n Mund!" Un achteran däd s' mi draugen „Ünnerstah di, blot Narrenhänn' beschmiern dei Wänn' un du hürst nich dortau!" Dat hett so säten, dat dat bet hüt ünnerbläben is.

Dit is mi allens so inschoten, as ik vörn tiedlang läst heff, dat ein Studentin anne Uni in uns olle Bunneshaupstadt, un von wo ut hüt noch dei halwe Regierung regiert, versöcht, dei Botschaften von dei Inschriften up dei Klosetts tau düden, so as dei Engel denn Stiern oewer Bethlehem düdt, as hei bi dei Schapshierers vörbikeek un säd: „Hefft kein Bang, Juch is hüt Nacht dei Heiland burn!"

Ingrenzt ward disse Ünnersäukung ok noch, denn uns klauke Studentin will blot dat upnähmen un düden, wat klauke Lüd, also ok Studenten up dei Studentenklos anne Wänn' malt un schräben hemm', nich dat, wat ünnerwägens inne Schnellstratenaftritts as Botschaft hinnerlaten ward. Ik för mienen Deil mal mi all ut, wat disse Frau, wenn s' denn ierst denn Dokterhaut hett, anfangt. Sei kann sik üm 'ne Professerstäd' bewarben un dei niegelichen Studenten wat vertellen oewer „dei ratschonelle Utdüdung von

Klosettbotschaften in't Internettiedöller", sei künn sik oewer ok sülfstännig maken un Lüd beraden, woans man an besten sienen Arger an Klosettwänn' utlaten kann; sei künn', wenn gor nicks löppt, von Hartz IV läben un wenn s' noch wieder na baben will, sik üm ein EU-Stipendium bemähn un Klosettbotschaften in Dütschland, China un Frankriek verglieken un ünner denn Aspekt von taunähmender Globalisatschon utdüden. Mit franzöösch künn 't ja noch so henkamen, oewer lahnt dei Mäuh, wägen Klosettinschriften chinesisch tau lihrn?

Ik schlach vör, bi dei Sak tau blieben un wat oewer dei legen un gauden Wür, von dei mien Mudder schnackt hett, tau maken un tworstens ünner dat Thema: „Wenn einer mal moet ..."

Wat secht einer, wenn hei grot moet, moet hei schieten orrer kacken, orrer secht hei, as wi dat mössten „drücken". Wat rut keem, wier 'n Drücker un denn Drücker mösst man ornlich afwischen, dormit nicks dorvon inne Ünnerbucks keem.

Moet einer mal lütt, moet hei denn pinkeln, pullern, pissen, orrer miegen? Wi hengägen mössten lötern, wat wull von dat Klötern in'n Pott herkeem. Un dat, wat dorbi rut keem, wier ganz klor Löterlein. Un wenn dei Winn' afgüngen wür bi uns nich pupst un nich furzt, nie nich einen strieken laten un nie nich flümt, ne dat wier 'n Schießer un, wenn 't ganz lud keem, 'n Dodschießer. Un taun Scheiten mösst man rutgahn, in'n Sommer up 'n Hoff un wenn 't kolt wier, wür in'n Husingang schoten. So as uns Volksperfesser Richard Wossidlo tausamendragen hett, woans dei Dierten inne verschienen Gägenden von Mäkelnborg schnacken, so künn dei Schiethusdoktersch in ein grote „Feldstudie" tausamendragen, woans dei Lüd von Sassnitz bet Berchtesgaden seggen, wenn s' mal moeten un dorbi noch ünnersäuken, ob dat ok wat mit dei Billung von dei Minschen tau daun hett.

(2012)

Heinz Kägebein

De Grillparty

De Snieder perrte all bi Kräuger Wittrock rüm, as de noch dorbi wier, in Stoffer Bulls Gorden dat Grillfüer in'n Gang tau bringen. „Kräuger, sech blot ens, wat mach Stoffer sick dorbi dacht hebben, uns tau so 'ne niemodsche Grillparty intauladen un denn noch ahn Grog? Käpt'n Papendiek sien Mannschaft is ok inladt." – „Snieder, bi dit warm Wäder smeckt kein Grog", säd de Kräuger. „Un niemodsch? Du büst ja liekerst kamen." – „Ick heff ja hüt ok noch kein Abendbrot krägen! Anners wier ick ja all satt wäst. Un denn, du weißt ja, Kräuger, bäten wat nieglich bün ick ok." – „Dor hest du woll recht un du gehürst ja ok tau de Runn' dortau." Denn wier de Gesellschaft ok bilütten intrudelt. De Preister wier bäten later kamen.

As sei ehr Grillsteak, de Bratwust un ok den' lütten Verdeiler tau Bost nahmen harrn, stellte Stoffer mirden in'n Sommer de Frach: „Worüm ward Pingsten fieert?" De Snieder kreihte glik bäten vörlut: "Wiel dat de leiwe Gott so fastsett' hatt!" – Amtmann Hawermann, de giern mit sien Kenntnisse von Goethe prahlte, schürrte den' Kopp un säd: "Dat kümmt ut *Reinike, de Voss*, dor hebben s' gewiss dat leiwliche Fest erfunnen." – "So is 't recht! Nu hebben woll noch de Dierten dat Fest erschünnt? Sei verwesseln dat woll mit Ostern un mit *Lütt Matten, den' Hasen*?" röp de Schauster. – "Ach, Tünkram!" mischte sick Käpt'n Papendiek in. "Dat geiht up de ollen Ägypter trüch." – "Nee, dat glöw ick nich. So langen gifft dat Pingsten noch gor nich. Ick denk mi, dat hebben de Germanen mit ehrn Maibuck un den' gebraten Ossen anrögt!" meinte Förster Gräun. "De Germanen soellen ja ok dat Grillen erfunnen hebben!" Dorbi plinkte hei den' Schauster tau. – "Krischan, du tüünst uns wat vör. Hest woll nu noch dat Spinnen liehrt?" röp de Schauster. "Ick mein, wenn de Preister hier wäst wier, denn harr hei uns dat all langen verklort. Soväl as ick weit, hängt dat mit den' Heiligen Geist tausamen. De hett Spiritus oewer de Apostel utgaten. Dit is later wäst, as Hermann de Cherusker den' röm'-

schen Genaral Quintilius Varus ut dat Teutoburger Bargland rutjagt hett." – „Ick mark all", röp Stoffer un smüsterte, „bi di hett sick nich blot de Heilig Geist trüch treckt, bi dienen Geist löppt ok all wat dörch'nanner." – „Stoffer, lat de PISA-Studie hier man ut 't Spill!" kreihte de Snieder mit sien hell Stimm. – Nu nehm oewer de Käpt'n dat Wurd: „Dat is würklich so, as de Schauster säd. De minschliche Geist, de *Spiritus*", de Käpt'n griente den'n Schauster an, „hett würklich all dull nalaten. Ick mein nich allein, dat wi hier keinen Grog mihr anbaden kriegen. Wat drinken de jungen Lüd hüt? – COPS un Cola un all so'n Schiet un babentau warden sei denn noch mit dissen verdammten *Stoff* infiziert. Oewerall niemodschen Kram. Wellness, Fitness un Darkness, wat sovӕl as Düsternis, as geistige Finsternis heiten sall. Wo oewer blieben de gägensietige Achtung un dat Verstahn? Dor sünd de ollen Ägypter doch anners mit ehr Lüd ümgahn." – „Anners woll", röp Stoffer, „oewer gewiss nich bärer! Besinnt juch man werrer up Pingsten." – „Jawoll!" röp de Amtmann, „Pingsträgen bringt Wiensägen!" – „Fang nich von Rägen an!" wor-

schugte de Snieder, „de Wulken türmen sick all." –
Un denn höll hei 'ne lange Räd: „Wi fieern uns leiwet
Pingsten, wieldat de Tiet dat so will, ok wenn wi kein
Pingstkorden mihr schrieben. Hüt ward dat mit den'
Stratensnacker taurecht *mailt*. – De Kinner kennen
ja woll gor kein Schriefmaschin mihr. Wenn sei so'n
Ding seihn wollen, denn mütten s' all in 't Museum
orrer up 'n Flohmarkt gahn. Wi bruken ok kein Bäu-
kerien mihr. Dat gifft ja dat Internet, ok wenn wi
Ollen dor nicks mihr mit anfangen koenen."

„Nu mal langsam!" röp de Preister. Hei wier mirre-
wills ankamen. „Ick heff mitkrägen, dat dat üm
Pingsten geiht. De Sak is doch so: Blieben wi bi dat,
wat wi weiten. Dat Wurd Pingsten kümmt von dat
griechische *pentekoste*, un dat bedüdt einfach *der 50.
Tag*. De Apostel hebben schräben, dat 50 Daach na
Jesus sien Upstahn sien Jünger von den' Heiligen
Geist erfüllt worden sünd. Mit Koem, as de Schauster
meinte, hett dat reidenwech gor nicks tau daun. Dor-
bi lat 't hüt man."

„Is gaut", stimmte de Schauster friedfarig tau,
„oewer nu, Kräuger, lat endlich de Luft ut de Gläs',

dat wenigstens noch bäten Koem-Geist oewer uns
kümmt! Un dat wi weiten, worüm wi kamen sünd,
bring för jeden von uns noch 'ne Bratwust up mien
Räknung."

(2012)

Helmut Hillmann

De Irrtum

De Buern Horst un Kurt sünd Frünn',
de giern eins taueinanner finn'.
Weil sei von't Waidwark väl verstahn,
süht man sei oft tau'n Jagen gahn.

Hüt pirschen dörch 't Revier sei beid.
Un wiel noch Schontiet gellen deit,
gahn sei ahn Flint ... de bruken s' nich,
dorför hemm't Nachtglas sei bi sich.

Deip würd de Abendsünn' all stahn,
as sei dörch Feld un Wischen gahn.
Ein lichter Wind sei sacht ümweiht …
Mit eins sich Horst tau Siet hen dreiht,
kickt dörch sien Glas …, Wat is mi dat?
Kurt, up dien'n Acker rögt sich wat –
dien'n Räubenacker! – Ein't steiht wiss:
Ein Poor in Leiw tau Gängen is! –
Oh Kurt! – Wat 's dat? – Kiek blot ein du –
ik glöw binah, dat is dien Fru!

Kurt nimmt nu fuurts sien Glas tau Hand,
süht up dat Pärchen … sihr gespannt,
wend't grienig denn an Horst'en sich:
Du irrst! – Mien Acker is dat nich!

(2009)

Harald Ringstorff

Anton in de Stadt

So an de 50 Johr is dat woll her, oewer wohr is de Geschicht, wiss un wohrhaftig!

Dunnemals führten de Lüd von't Dörp noch mit Pierd un Wagen in de Stadt. So ok oll Buer Hacker. Hei harr wedder mal in de Stadt to daun, möst Tüften na de VEAB bringen un ok in Geschäften eins in de Molkerie inkieken. As hei allens besorgt harr, keek he noch mal bi sienen Fründ, den Koopmann, in. „Man möt ok för sick sülben eins mal wat Gaudes daun", wier sien Devis, up de hei sick mit Regelmäßigkeit besünn, wenn hei up siene Stadttour wier. Dor in den Laden künn hei sick 'ne gaude Zigarr ut eine von de Kisten söken un denn lieren Flachmann wedder eins uptanken. Hei künn ok 'n lütten Prat maken, un wenn em dat gor tau dull jökte, denn löt hei sick glick an Urt un Stell 'n lütten Sluck ingeiten. So wier dat ok an dissen Dag. Man blot, dat hürte hüt nich up tau jöken, un so wier Anton tämlich full, as Fierabend wier. Anton un sien Pierd wieren ein Gespann: Hei lenkte up de Hinfohrt, dat Pierd up de Fohrt trüch. So wier ümmer allens in bester Ordnung. An'n nächsten Dag is Anton all wedder in'n Laden, den Kopp twüschen de Schullern versteckt, drückt hei sick an de Lüd vörbie na hinnen un will den Koopmann spräken. „Du, Heinrich", fröggt hei, „hest du gistern woll wat funnen?" – „Ja, heww ick", seggt Heinrich un schüwwt em wat öwer 'n Ladendisch. Anton freut sick mächtig öwer disse griese Packpapiertüt mit Updruck in blage Schrift „Guten Appetit". – Gott sei Dank, sien Gebiss wier wedder dor. (2008)

Barbara Kundt

Wat is denn, du Norslock?!

Ick will Sei vertellen, woans dat männigmol so taugeiht in een Verlag, de tämlich bekannt is in Meckelnborg un Vörpommern: Een Dag in 't Läben vun een Lektor

(Dat sünd de, de Bäuker maken, de mit de Schriewerslüd un Fotografen arbeit'.) künn dat ok heiten.

Väl Tied bruukt de Lektor för dat Telefonieren: Dor möten de Schriewers een bäten schubst warden wägen de Termine – dat is Klock söben sihr gaud, denn dor schlapen sei noch half un könn' keen Wedderwüür hemm'. Dor möt man de Beamten wat vertellen wägen de Finanzierung vun Projekten – dat is an'n Nahmiddag bäter, denn dor willen sei nah Huus un seggen ok mal „Ja".

Dor möt man nahkieken, dat de Autoren ok allens richtig maaken, de hemm männigmal Fählers in de Angaben vun Johren un anner Saken – dat is gaud an'n Abend, dor is in Inrichtungen as Bibliotheken un Archiven keeneen un de Lektor seggt denn, dat de Schriewer dat tau verantwuurden hett, wenn in dat Bauk wat nich richtig is.

Dat is je nu de Anrauperie, de nödig is!

Nu giwwt dat ok Saken, de kamen, ahn dat de Lektor wat dahn hett, för de hei nix, äwer ok gor nix kann un gägen de hei nich angahn kann. Dat sünd männigmal sogor de Lüüd, de anraupen:

1. Gauden Dag, ick will een Laden upmaken, een Laden för „Schreibwarenartikel".
   Seggen Sei mi doch een plattdüütschen Nam' dorför! Wenn Sei ok kein' weiten, denn öwersetten S' mi „schreiben" in 't Nedderdüütsche.
   De Lektor hett nie nich tau weiten krägen, wat mit den Laden nu is un woans hei up Platt heit.
2. Nu kümmt een anner: De seggt nich sien Nam', de seggt nich Gauden Dag, hei hett dat siehr ielig un is bannig forsch: Ick heww väl Saken biläwt in mien Läwen, de heww ick upschräben, mien Frünnen raden Sei, maken Sei dormit een Bauk! Ick segg Sei, dat ward een Bestseller! De ierst Uplag' 10 000 orrer 15 000 Bäuker?
   De Lektor grient un lähnt af.
3. Noch wat: Gauden Dag, ok ahn Nam'. Ick wier Lihrer an 't Gymnasium, ick heww Ehr Bauk XYZ läst, wat segg ick, ick heww dat studeert und Fählers söcht. Ick will Sei verdüütlichen, dat up de Siet' 128 een Afstand is, de dor nich henhürt!
   Dat is nu een bäten kurios, denn de Siet' 128 is een Vakatsiet, dor is gornix up!

4. Een ganz driesten: Ahn Nam', äwer mit Dörp, ok Lihrer: Ick heww Sei een Manuskript schickt, dat is hüüt trüchkamen mit 'n Breif, in den' wat steiht vun „mangelnder literarischer Qualität". Wat geiht in Sei Ehrn Kopp vör?! De annern Bäukermakers wullen dat all hemm'! Sei sünd dor nich an de richtig Stell', verköpen Sei Schruwen!

Jetzt kümmt wat, wat dat all „toppt"! De Sekretärin seggt tau den Lektor: Ick glöw, hier is een, de is 'n bäten brägenklütrig. Kannst em mal wat vertellen?

Un denn geiht dat all los: Gauden Dag, ick wull een Gedicht schriewen mit veel Leiw dor binnen för mien Fründin. Ick arbeit' in een Bockwustbaud' in Prebberede – woans geiht dat? Ick bruuk Sei Ehr Hülp!

De Lektor giwwt sick Mäuh, vertellt wat vun Metrik, vun de „vierfüßigen Jamben", vun den „Kreuzreim", den „Stabreim" ... Dat is allens nervig, denn de Minsch is so wat vun dömlich, nich een bäten plietsch ... Hei möt em de Saken dreemol verkloren. De Mann mit de Bockwustbaud' versteiht rein gornix! Un dor seggt de Lektor in sien Raasch tau em: Leiw Fründ, setten S' sick doch in de Sünn', maken

Sei wat ut Sei Ehr Gefäuhl an dissen Dag, maken Sei een Riemel nah de Ort vun „Liebe-Triebe, Sonne-Wonne"! Mit mi nich miehr!

Nu seggt de Minsch nix: Wier dat tau scharp?

Un denn dat dick' Enn': Gauden Dag, hier is de Ostseewelle, „Spaßtelefon", sünd Se inverstahn, dat dat up Sendung geiht?

Dreemol an'n Dag hüren de Lüüd de Blamaasch, de Lektor höllt wiss, hett männigein an de Stripp', de em utlacht … Wat maakt man nich allens för een Editionshuus, an dat man mit Liew un Seel hängen deiht! Ok dat is Werbung!

Nah dat Biläwnis bimmelt dat Telefon all wedder. Nu is schon allens egal, de Lektor meint, dat dat een Kolleg is un seggt een bäten luder, ok salopper as süss: „Gauden Dag, hier is de Verlag …, hier is äwer keinein tau Hus." Paus'. Un dor bruust dat los, dat Dunnerwedder vun de Chefin: „Wat is bi Juch los? Dat is doch keen Höflichkeit an 't Telefon? Dat gifft wat bi de nächste Lektorenkonferenz, dat kann 'k Di seggen …!"

Hett nix gäwen, mag möglich sien, dat sei ok lacht hett …

Dortau kamen de annern leiwen Kollegen: Maak mal dit, hest dat all farig, läs dat, dat is ielig, woans is de Text, wecker hett de Dias – dat Telefon löppt heit!

De Dag is all in den Nahmiddag öwergahn, de Arbeid, för de een Lektor dor is, de liggt ümmer noch up den Schriewdisch. Een Lektor is ok een Minsch un ward gnarrig, äten hett hei ok noch nix … Dor, dat bimmelt all wedder, een Kolleg', de een gauden Fründ is, hett nu woll ok noch een Fraag. Äwer de Lektor kann nich mihr, hei is uter Rand un Band: „Wat is denn, du Norslock?!" Dat kümmt 'n bäten tögerig un lies un sihr hochdüütsch: „Guten Tag, hier ist die Kanzlei des Ministerpräsidenten …"   (2008)

August Wulff

Een Brillengeschicht

In dat lütt Dörp, wo Oll Jochen wahnt, is kein Kirch. Dorüm is hei denn wedder mal nah 't Nahwersdörp gahn, denn' Gottesdeinst antauhüren. Hei is wat to tiedig dor ankamen un sitt nu allein in de Kirch. Van den langen Fautmarsch hett hei Hunger. Hei nimmt sien Smoltbrot ut de Tasch un ward äten.

Vör em up 'ne Bänk liggt ne Brill, de de Köster bie 't Orgelspälen drägt. Oll Jochen hett nich Läsen lihrt un denkt nu, züh, wenn du di de Brill upsettst, denn magst woll ok läsen künnen. Hei versöcht dir in 't Gesangbauk, dreiht de Brill so un annersrüm, äwer all vergäbens. Läsen geiht nich. Hei leggt sei wedder up ehren Platz.

Bie lütten füllt sick de Kirch. Dor nich einer in dat Dörp recht läsen kann, hett denn de Köster een Vers ut dat Gesangbauk vörspraken, un de Lüd singen nah.

As de Köster nu de Brill nimmt, röpt hei lud: „Was ist das heute mit meiner Brille. Die ist ja ganz mit Schmalz beschmiert!"

Dor singen de Lüd ok all nah. De Köster verfiehrt sick nich slecht: „Ihr lieben Leute, seid doch stille, der Herr Pastor tritt schon zur Tür herein!"

Un de Lüd singen: „Ihr lieben Leute, seid doch stille …!" (1999)

Joachim Puttkammer

Die Sache mit dem Gebiss

Nahezu an jedem Sonntagmorgen kam in die Kirche von Rowa ein altes Weiblein, zusammengezogen vom Alter und mancherlei Krankheiten, aber mit einem freundlichen Gesicht, das durch die vielen Runzeln und Falten eher noch verstärkt wurde. Es setzte sich in immer dieselbe Bankreihe an nahezu denselben Platz, und da die alte Frau stets zu den ersten gehörte, die im Gotteshaus erschienen – die Kirche war meist auch nicht so gut besucht, dass Plätze knapp wurden – machte ihr auch niemand diesen Platz streitig. Außerdem wusste jeder Gottesdienstbesucher, dass hier gewissermaßen der Stammplatz der alten Frau war. Sie kam also herein, nahm ein Gesangbuch vom Stapel neben der Eingangstür der Kirche, ging mit dem Gesangbuch auf ihren Platz, sprach im Stehen ihr Gebet, wie das unter guten Christen üblich ist, und setzte sich. Dann legte sie je nach Jahreszeit die mitgebrachten Utensilien wie Handschuhe, Tasche mit dem Kollektengeld, Schal, Mütze oder Schirm neben sich ab und erwartete in aller Ruhe mit etwas zusammengezogenen Schultern den Gottesdienst.

Zu den Dingen, die die alte Frau neben sich legte, gehörte auch eine Zahnprothese. Die lag da mit ihren weißen Zähnen und ihrem rosa Gaumen, und die Frau dachte gar nicht daran, sie vielleicht schamhaft mit dem Schal oder den Handschuhen oder dem Hut zu bedecken. Da sie meist allein in der Reihe saß, störte sich auch niemand daran. Sicher flüsterten einige, was der Alten da einfiele, ihr Gebiss einfach so herumliegen zu lassen. Kinder kicherten und machten sich lustig über sie, aber jeder Mensch hat seine Eigenarten. Bei alten Menschen werden sie immer ausgeprägter, und diese Frau war eben sehr alt.

War dann nach einer knappen Stunde der Gottesdienst beendet, nahm sie alles, was ihr gehörte, an sich, steckte auch sorgfältig die Zahnprothese wieder in ihre Manteltasche und verabschiedete sich an der Tür vom Pastor.

Der hatte sich schon seit einiger Zeit über die seltsame Gewohnheit der Frau gewundert. Dass zur

Nacht die Prothese aus dem Mund genommen und in ein Glas zur Reinigung gelegt wird, leuchtet jedem ein. Die Fernseh-Werbung hatten alle verinnerlicht. Dass man auch, wenn man allein ist, die Prothese herausnimmt, weil sie vielleicht am Gaumen schmerzt oder einfach nicht richtig sitzt, ist auch vorstellbar. Dass man sie aber herausnimmt, wenn man in die Öffentlichkeit geht und am Gottesdienst teilnimmt, hatte er noch nie erlebt. Vor allem machte beim Singen ihr Mund gar nicht den Eindruck, als wenn da etwas fehlte. Auch beim Verabschieden hatte er nicht den Eindruck, die Frau habe nichts im Mund. Ihre Stimme klang, als sei im Mund alles drin.

Eines Sonntags fasste er sich ein Herz und fragte die Frau nach dem Gottesdienst, was es da mit der Prothese auf sich habe. Die sah ihn treuherzig und ein wenig listig an und erklärte:

„Das ist nicht mein Gebiss, Herr Pastor. Das gehört meinem Mann. Das nehm ich immer mit, wenn ich zur Kirche gehe. Denn ich hab zu Hause schon das Fleisch fertiggebraten; muss nur vor dem Essen noch einmal warmgemacht werden. Wenn ich da sein Gebiss nicht mitnehme, frisst der das Fleisch bis auf einen kleinen Rest auf, und dann ist das schöne Sonntagessen verdorben."

(2013)

Jürgen Pump

Ein' gauden Fründ

Ja, leiwe Lüd, ok ick mag giern 'n bäten kloenen un vertellen. Dat heit, wenn mi dat vergünnt is. Denn wenn ick bi Nawer Dunner Gläunich wedder an'n Koekendisch sitten dau, blifft mi meisttiets man blot dat Tauhür'n un ick wunner mi ein üm dat anner Mal mit dei Würd: „Ach, wat du nich seggst! Is jä kum tau glöben! Nee würklich?" Jä, un soans kümmt dunn dei Droenerie ümmer mit „Ach" un „Oh" un „Nee oh Nee" in'ne Gäng'n, wobi miene Büxentaschen ümmer vuller warden, wenn ick iehrlich blieben sall. Liekers oewer heff ick ümmer 'n banniges

Vergnäugen doran, wenn Dunner Gläunich hoeglich dei hütigen Läbensümständ'n groff in' Bostkasten griepen deit.

Un soans süll 't ok ditmal lopen. Bilütten harrn wi nu an dissen Dag all ein' afbäten, dormit Dunner Gläunichs Tung löpig in Draff kamen ded. Wat siene Fru Mieken gor nich so giern sehg, wiel ut dissen Draff gaut un giern 'n lütten Swiensgalopp warden künn. Na, ierst güng dat noch üm all moeglichen Häuhnerkram bi't Vertellen. Oewer fix würd dat knakenharde Läben sotauseggen up 'n Disch ballert. Wat 'n Wunner ok, wenn Räknungen Dag för Dag gliek sackwies in 't Hus sägeln daun, dei dat Konto driest bi Trennkost un Magersucht in'ne Kneibög gahn laten. So kem dat ok hen un wenn mal vör, dat dei Breibendräger Mahnungen in 't Hus slöpte. Suer würden Dunner Gläunich disse Tauständ'n ümmer wedder upstöten un luthals schimpte hei sick mit siene Weihdaag binah in Düwels Koek, wenn hei an' Staat un Regierung kein' drögen Faden laten ded. Politiker, so säd hei tämlich scharp tau mi, dat sünd Lüd, dei Gott soans deinen, dat dei Düwel nich bös bi warden deit. Wat 'n Wunner ok, dat hei sick binah in Düwels Koek schimpen ded. Oewer nich würklich in Düwels Koek. Ein narrschen Drom harr em tau faten krägen, denn hei mi nu an dissen Dag vertellte:

Mit'n Buk vull Arger güng ick abends tau Bedd un wi künn dat ok anners kamen, dei Arger kröp as Drom furts achteran. Minsch wat wier dat für ein gräsiges Spill, as dei Drömerien mi wägen lege Zahlungsmoral sweitig natt vör 'n Kadi treckten. Man kreg ick mit 'n gesponserten Richterspruch mildernde Ümständ'n ruter hannelt un wier dordörch för dei Mäckelborgsche Höll' vörseihn. Wat 'n Glück för mi, denn sünst harrn s' mi woll in dei Bayern-Filiale afschaben. Dat stell sick einer mal vör, ick in Bayern mit Ledderkneibüxen in'ne Bratpann un kein Aas snackt dor Plattdütsch.

As pflichtbewusster höllentauglicher Bundesbürger kem ick nu achteran nah'n Düwel dal tau stäweln, dei dor vör't Höllendur sitten ded un 'ne scheiwe Snut treckte. Ick spröök em an un säd, dat ick för den'n Füerkätel tau'n Bruddeln un Braden verdunnert wier.

„Dat ward nix, bi disse narrschen Energiepriese laten sick dei Füerkätel nich an' Dampen holl'n! Bi mi is Insolvenz anseggt!"

„Ach, wat du nich seggst, dat 's jä woll nich tau glöben! Un wat is mit diene Inwahners? Sitten dei nu alltauhop mit 'n Iestappen an'ne Näs in'ne Pann, orrer wat?" – „Ja, wat sall ick maken bi disse Inflationsrate. Ierst heff ick noch versöcht, dei Sünners nah'n Häben aftauschuben. Man dunn heff ick oewer wat tau hür'n krägen von' leiwen Gott, so'n Dunnerwäder güng oewer mi dal! Oewer dat harr 'ck mi tauvör ok gaut uträken künnt, denn dei Ümgang mit Gott wier för mi all ümmer 'ne Heidenarbeit. Ja, dat segg ick di, es ist ein bitteres Los, nicht Lieber Gott geworden zu sein!"

„Na, na, so leeg schient dat Düwelschicksal oewer ok nich tau sien, denn ick kenn' väle Lüd up Ierden, dei giern Düwel späl'n."

„Ja, dat is mi ok all tau Uhr'n kamen, dat dor bi juch Klon-Düwels rümmer lopen. Oewer nu mal wat anners. So as du sühst, fählen mi tau Tiet dei Pinunzen. Is up Ierden villicht an dat grote Geld tau kamen?"

„Na klor, wat glöwst du woll!", un dorbi föl'n mi furts dei Stüergelder in, dei allerwägens tau'n Finster ruter smäten warden. As ick oewer dat Thema Fördergelder bilöpig ansnieden ded, mit dei so'ne Höllensanierung womoeglich gaut tau maken wier, würd' hei miteins so lustern kieken un bannig hippelig mök hei sick ok furts tau'n Upstiegen prat. Hei oewergew mi dat Amt as Hülpsdüwel, wildess hei sick verkleed'te. Denn dat brukte jä nich jederein gliek tau weiten, dat dei Düwel up Ierden rümmer lopen ded. Oewer siene Hürn trök hei 'ne Pudelmütz un dormit dei Pierdfaut nich tau seihn wier, steg hei in oewergrote Gummistäwel. Ok den'n Stiert wrangte hei sick in siene Büx. Twors bulte dat 'n bäten dull an sien' Achterstäwen ut, oewer wecker kickt woll bi'n Kierl up 'n Hinnelsten. Soans utstaffiert kladderte hei ielig dei Ledder nah baben rup. Tauvör oewer wull hei noch fix weiten, woans an dei Fördergelder ran tau kamen wier. Worup ick em klor maken ded, dat dei as dei annern Stüergelder ok dörch dat glieke Finster smäten warden.

Jä, un dunn heff ick dor ünnen säten un säten. Solang'n säten, bet mi dat Täuben oewer warden ded un ick den'n Computer in'ne Höll för Swung bröchte. Ick wull 'ne e-mail an' leiwen Gott afsetten, üm den'n Düwel sotauseggen in'ne Pann tau haugen. Dat Passwurt und dei e-mail-Adress von leiwen Gott harr 'ck taufällig mang all dei Möl up 'n Schriewdisch bi'n Düwel funden.

Ielig gew ick ÜmGottesWillen@web.hä in den'n Räkner in, üm fix mienen Lex aftausetten. Dorbi heff ick ok nich hinnern Barg holl'n, dat ick tau Tiet dei Hülpsdüwel wier un sotauseggen as Interims-Chef dei Höllengeschäfte tau rägeln harr. Ja, soväl Wohrheit sall sien, womoeglich künn ick mi soans bi'n leiwen Gott ansmer'n. Mit 'ne Begnadigung is jä hütigendaags ümmer tau räken. Kum oewer wier miene e-mail nah'n Häben rup, wier ok all dei Expressantwurt wedder trügg.

Baben oewer weg stünd TaunDüwelKamRut@web.hö.

Un dunn kem Klortext von leiwen Gott: „Välen Dank för den'n Henwies. Intwischen heff ick den'n Papst anwiest, dat hei all's stahn un liggen laten sall, üm up 'n Kierl mit Pudelmütz un Gummistäwel 'n scharpes Og tau smieten. Oewer ick bün woll verkiehrt verstahn wurden, as up hochdütsch 'ne e-mail kem: Das Tragen von Pudelmützen und Gummistiefeln steht nicht unter Strafe! Na, ick heff em dunn noch eins 'ne Nahricht taukamen laten un em dütlich klor makt, dat sick dat nich üm Plünnen un Stäwel hannelt. Välmiehr, dat dei Düwel up Ierden sien Undoeg drieben deit. Jä, un dunn kem von' Papst noch 'ne Antwurt trüch, dei mi gor nich tauseggen ded: Besagte Person ist mit allen Rechten längst eingebürgert!"

„Nu holl oewer up mit diene Droenerie", kreihte dunn Mieken miteins dortwischen. „Glöwst du woll, dat Pump so'n narrschen Spennkram glöben deit?"

Jä, un dormit wier uns Kloensnack unverseihns tau End' gahn. Tau giern oewer harr 'ck noch wüsst, woans Dunner Gläunichs Drom wierer gahn is. Man Mieken güng dat woll tau wiet, sodat Dunner Gläunich dissen Faden woll ein anner Mal wierer spennen möt.

Ick mök mi dorüm sachten up 'n Wäg nah Hus un dat Ierste wat ick von miene Fru tau hür'n kreg, mök

mi dull niegierig. Besäuk wier intwischen dor west.
Ein gauden Fründ, dei oewer sienen Namen nich
seggt harr. Dat süll 'ne Oewerraschung warden.

„Ein' gauden Fründ? Minsch, wecker künn dat woll
west sien? Wi hett hei denn utseihn, dei gaude
Fründ?"

„Na so as du! Twei Uhr'n un Ogen un 'ne rode Näs.
Wat mi oewer dull an dienen gauden Fründ upfollen
is, dat dei bi disse Sommerhitt mit Pudelmütz un
Gummistäwel rümmer löp." (2010)

Wolfgang Mahnke

Lütt Verwesslung

Dei Oberin seggt tau ehr Nonnen:
„Grad eben haben sie begonnen,
die Klosterstraße neu zu bauen.
Ich will mal nach dem Rechten schauen.
Packt mir 'n paar Butterbrote ein,

dazu auch noch ein Fläschlein Wein.
An diesen kleinen, milden Gaben,
soll'n sich die Bauarbeiter laben."

Sei kümmt dei Strat nu dal taugahn
un bi den'n Butrupp bliwt sei stahn.
Denn oewer tögert sei 'n bäten
mit dat Verdeil'n von Wien un Äten.
Denn nieglich is dei Oberin,
un ehr keem miteins in den'n Sinn,
ob von dei Lüd woll einer weit,
wat all so in dei Bibel steiht.
Kickt sick den'n Vörarbeiter ut
un kümmt gliek mit ein Frag ok rut:
„Sie wissen sicher doch als Christ,
wer Pontius Pilatus ist?"
„Nee", seggt dei nu, „för Sei is 't schad,
so ein'n hew 'k nich in mien Brigad.
Doch täuwen S' eins, dat künn je sin,
hei sitt up eine Teermaschin."
Un bölkt, dat man 't gaud hüren kann,
roewer tau sienen Spannemann:

„Pont'jus Pilatus säuken wi,
arbeit dei Kierl villicht bi di?"
Un dei röppt trügg: „Wotau wist weiten,
woans mien Maschinisten heiten?"
„Will 'k gor nich weiten, frag blot an,
wo man den'n Kierl woll finnen kann.
Em möten doch dei Uhren kling'n
sien Ollsch is hier, will 't Frühstück bring'n!"

(2010)

Peter Drews

Kloetenkoem mi grugt vör di

Dat is hei nu, de Kloetenkoem orrer Eierlakör as de fienen Lüd seggen. Hier in disse Buddel stickt hei. Ji kennt 'em all. – Worüm ik hüt so'n Grugen vör den Frugenschwarm heff, will ik nu vertellen. Anfangs de 70-er Johren in't vergahne Johrhunnert können wi uns vör luter Eier, de ik Dach för Dach vun miene Husbesäuke mitbröcht heff, kum noch bargen. Afhülp süll uns de Verarbeitung tau Kloetenkoem bringen.

Aewer wat tauierst as een Sägen utseihg, is denn later een ganz anneren Wech lopen. Tauierst müssten Buddels besorgt warden. Mien Mudder säd: „Dat mütt dörchsichtig Wittglas mit Schruwverssluss sin."

Bi alle Nahwers, Frünn un Bekannten würden nu Buddels för uns sammelt un bi uns afliewert.

In'n tweiten Schritt sünd de Buddels dunn mit Fit-Loesung gründlich reinmakt worden. Tau glieker Tiet würden all de eenzelnen Bestanddeele inköfft: Puderzucker, Melk, Rohm un Primasprit. Eier harrn wi je sülwst nauch.

Den Primasprit gäw dat dunntomalen noch in jedeen Spirituosenladen, later in de hoge Tiet de DDR aewer blots noch gägen Devisen orrer Forum-Schecks in'n Intershop. Aewer tau disse privilegierten Minschen hüürten wi nich.

Sünndags güng dat nu endlich mit de Testprodukschon los. De ganz Familie stünn üm den groten Koekendisch un gäw ehren Semp dortau: „Nähmt blots dat Eigeel!"

„Ne, dat geiht ok mit de ganzen Eier!" – „Nu de Melk un den Puderzucker!" – „Du mötst mihr rögen! Rögen!!" – „Dat ward väl tau plürrig!" – „Mihr Rohm dortau!"

„Nu is 't wedder tau stief, mihr Melk un den Primasprit!" – „Noch 'n lütt bäten Vanillzucker!"

Farig! Nu is hei trecht!! Mhm, wat hei gaud smeckt!

Den iersten Kloetenkoem hemm wi noch mit de Hand rögt. Aewer för de geplante industriell Grotproduksch on müsst een Rögwark her.

Dat hemm wi bi Annaliese Grund in't scheune Konsum-Kophus an'n Daemser Kirchplatz bestellt. Annaliese wier de Seel vun de Elektroafdeelung. Ümmer nett un fründlich. Sei hett uns dunn ne KM 6 (will heiten Koekenmaschien 6) besorgt.

Männig Elektrogerät aewer wier Bückwoor un gäw dat blots, wenn du in'n FDGB (för de gauden Bekannten) inwest büst. Taun Glück wiern wi gaud miteenanner bekannt, wahnten wi doch väle Johr in Fleutendörp (so heit de Sweriner Straat in verläden Tieden), wo ehr Öllern ne grote Backstuv un Konditorei harrn.

Disse Maschien wier uns lang Tiet iehrlich un tru tau Deinsten. Sei harr twors nich so'n Chic un fienet Design as de Koekenmaschiens vun de anner Siet de Elw, aewer dorför brukte sei ok keen stännige Wartung un bi nödige Reparatur würd blots dat entweiig Deel utwesselt un nich de ganz Maschien wegsmeten un ne niege köfft.

Uns olle 200-L-Käuhltruh Grönland tau'n Bispill löppt all mihr as 35 Johr Dach un Nacht, orrer around the clock as dat hütigendaachs up niemodsches Denglisch heit, un is nich eenmal entwei west. Un dor vergliek mal de moderne Technik mit. Denn kriggst dat blanke Grusen.

De farigen Buddels mit Kloetenkoem stünnen inne Spieskamer anne käuhle Ierd. Dissen Ümstand hebben uns drei Kinner bi ehr Schelmenstück doch schamlos utnutzt.

Eens Daachs säd mien Mudder: „Ik weit nich wat mit den Eierlakör los is. Hei is so plürrig, hett binah keen Farw un smeckt ok nich mihr." Up een Geräusch hen dreihten wi uns üm. In de Stuvendör stünnen de drei Bengels un grifflachten vör sik hen.

Bi dat hochnotpienlich Verhür dörch mien Fru käm de Sak denn rut: Sei harrn all Drei een dägten Sluck ut de Buddel nahmen. Aewer plietsch as sei wiern, harrn sei sik een Teiken makt un de Buddel bet dorhen mit Melk wedder upfüllt.

Vun dissen Dach an wier uns Spieskamer stännig afschlaten.

Twors würden wi nu de Eier Herr, aewer dorför wier uns de Kloetenkoem bald oewer.

Lerrig Buddels vun Nahwers un Frünn würden blots noch annahmen, wenn sei taugliek ne vulle wedder mit trüchnahmen hebben.

Bi uns gäw dat Kloetenkoem up Ies, tau Aaft, taun Kauken. Oewerall un jede Tiet Kloetenkoem, Kloetenkoem.

Up disse Oort keem de grote Grugel oewer mi. Ik künn em nich mihr seihn un rüken.

Anners mien Fru un mien Mudder. De twei hemm sik doch Nahmiddach för Nahmiddach tau Kaffeetiet 1, 2 offer ok well mihr vun den geelen Frugenschwarm hinner de Binn gaten, ümmer wenn sei mi oewer de Dörper tau miene Patschenten schickt harrn.

Tauierst heff ik nicks dorvun markt. Aewer dunn keem mi een Teiken tau Hülp, ik glöw binah vun ganz baben. Ümmer wenn mien Fru later Kloetenkoem drunken hett, müsst sei pruschen as 'ne Katt. Twors keem dornah keen Rägen, aewer ik wüsst denn Bescheed un brukte nich ierst de Buddels tau tellen.

Disse Taustand is ehr bet hüt bläben. (2011)

Wolfgang Kniep

Pech

Ein Fru, so an de 50 ran, de starwt bie ein OP.
Nu kümmt sei in den'n Häben an, uns Herrgott secht: „Oh je!"

Hei kiekt in den'n Computer rin un rauft sien lang witt Hoor:
„Dor mütt verkihrt wat lopen sien, du hest noch 20 Johr!"

„Na dit is nett, du kannst di irr'n?", fröcht dor vergneugt de Fru, fangt listig an tau spekulier'n: „Un wat maken wi nu?"

„Dat 's kein Problem", secht Gott ahn Hast, „sowat passiert all mal."
Denn drückt hei up de Enter-Tast un schickt ehr wedder dal.

Nieg buren denkt sei: ‚*Wunnerbor, nu fangt dat Läben an!*'
För d' ierste von de 20 Johr hett sei all einen Plan:

„Swester!", röppt sei, „ach seggen S' mi, wenn ick denn gaut betahl, giwwt 't hier ein Schönheitschirurgie?" De Swester secht: „Allmal!"

Sei lött sick wedder operier'n, „Lifting" nömt sick sowat.
Denn deit sei in den'n Speigel plier'n, Minsch, wo geföllt ehr dat!

Vullbostig geiht sei, hoch den'n Kopp, öwer de Strat mit Jump.
Ein LKW kümmt – dat secht „plopp" – un führt ehr bats in'n Klump.

Nu kümmt sei wedder baben an un röppt: „Oh Herr du mein, worüm deist du mi sowat an, hest du mi denn nich seihn?"

Uns Herrgott secht: „Ick würd ja girn", wieldess sei rohrt un flennt.
„Dat deit mi bannig leed, mien Diern, man: Ick heww di nich kennt!"

(2012)

Erich Stübe

Is swor tau düden

Oll Hahn is all Johr ümschichtig bi sien beiden Döchder, de nu ok wedder Döchder hebben. Twischen de un em liggen rieklich föftig Johr Ünnerscheid in 't Öller. Verdrägen daun sei sick so, as sick dat hürt. Hei is jo gelägentlich spendabel, un soans kann hei sick af un an ok mal utlaten von wägen denn' Benimm un dat Antrecken.

Zwischen Wihnachten un Nijohr stellte sick sien mittelst Enkeldochder bi em mit ehr nie Ballkleed vör un frööch: „Wie findest du mein Abendkleid?"

Hei schööw sien Brill hoch, dreihte de Diern rundüm un säd: „Dat 's komisch, ick kann dat nich recht düden."

„Wieso kannst du das nicht deuten?"

„Je, mien Diern, ick kann noch nich rutkriegen, ob du dat Kleed al ganz an hest un wedder rute wisst orer ob du half buten büst un mit Gewalt wedder in dat Kleed drin wisst." (2001)

Karsten Steckling

Sie Ihr Ditschi Klaus

„Guten Abend, liebe Gäste und Gästinnen! Hier ist Euer Klaus, Sie Ihr Ditschi. Ich freue mir, dass ich Ihnen heute wieder hier in dieses kleine Hotel ‚Zur alten Försterei' begrüßen darf. Ich kenne Ihnen, mein liebes Publikum, schon über 10 Jahre. Heute habe ich mir mal bisschen verkleidet und Sie werden mir kaum wiedererkennen. Aber wer Ditschi Klaus schon länger kennen tut, weiß: Na klar. Dat isser doch! Kann also losgehen. Ich wünsche Sie alle viel Spaß und hoffe, dass es Sie auch wieder gut gefallen tut. Wenn nicht, dann sagen Sie es mich doch ganz einfach. Und hier jetzt gleich der erste Superhit von Hauert Kappendehl mit sein bekannten Titel *Das schöne Mädchen auf Seite eins*. Nu aber ganz schnell rauf auf der großen Tanzfläche. Aber nich, dass einer drängeln tut. Auf das Parkett ist genug Platz für Ihnen. Es geht los."

So wurden mein Freund, seine Frau und ich mit vielen anderen Hotelgästen fast wort-wörtlich begrüßt, als wir vor gar nicht allzu langer Zeit an der Küste unterwegs waren und in einem kleinen Hotel übernachteten. Zu unserer Überraschung fand hier an diesem Wochenende eine Tanzveranstaltung statt, und da wir nichts besseres vorhatten, rafften wir uns nach langer Zeit – und auf besonderen Wunsch einer einzelnen Dame – mal wieder auf, das Tanzbein zu schwingen. Beim Betreten des Saales hätten wir noch nicht gedacht, dass es so ein unterhaltsamer Abend werden würde. Nach dieser volkstümlichen Aufforderung hielt uns einfach nichts mehr auf den Plätzen. Obwohl mein Freund und ich ja eher zur Kategorie der Tanzmuffel zählen, amüsierten wir uns an diesem Abend köstlich und warteten schon nach jeder Tanzrunde voller Spannung auf die nächste Ansage von Ditschi Klaus.

Zu DDR-Zeiten war mein Schwager ebenfalls Ditschi. Man sagte damals noch SPU. Das war die gängige Abkürzung für Schallplattenunterhalter. Diese SPU's wurden, welch ein Glück, nur nach entsprechender Prüfung, sprich Einstufung, auf die tanzwütige Bevölkerung losgelassen. Nachdem ich Ditschi

Klaus mit seinen so gut formulierten Ansagen stundenlang genießen konnte, kann ich nur sagen, Gott sei Dank, dass es in der DDR so gewesen ist und man wirklich erst als Discosprecher auftreten durfte, wenn man die dafür erforderliche Eignungsprüfung bestanden hatte. Es war eben doch nicht alles schlecht. Selbst die „Prinzen" erinnern in einem neuen Lied daran. Auf jeden Fall sprach die überwiegende Mehrheit der Schallplattenunterhalter fast ausschließlich ein einwandfreies Deutsch. Nicht desto trotz hat Ditschi Klaus seit Jahren aber schon sein Stammpublikum, weil sie ihm ja alle so gut kennen *tun*.

Jo! Heff ick dacht: Wenn uns' Ditschi Klaus doch lütt bäten Platt künn, wier de Fählerquot von sien Gedoens man blot half so grot. Denn harr de grote Meister up alle Fälle alleen schon nicks falsch makt, wenn hei to'n Bispäl nich allnäslang mich un dich orrer Sei un Ihnen verwösseln deit.

(2013)

Joachim Busch

De Oll up 'n Uniplatz

Ümmer wenn ick in Rostock bün, tracht ick nah den Platz hen, de in't Zentrum von de olle Hansestadt liggt un de mi richtig an 't Hart wussen is, nah den Universitätsplatz. Dorvör gifft dat väle Grünn': Vör binah föftig Johr heww ick hier studiert, de ihrwürdige Alma mater rostochiensis wier fief Johr lang mien Tohus, de Platz dorvör mit seine Bööm un de välen Bänken in glückliche un ok trurige Stunn' vertrugte Urt för mi.

Hütigendags geföllt mi besonners de Brunnen der Lebensfreude, as hei nöömt ward mit seine Fontänen un lustigen Figuren von Jastram un Dietrich, hauptsächlich oewer ümmer denn, wenn Kinner dorup rümturnen un mit dat Water spälen. Ick sitt giern up de Bänken an de Siet, rauh mi ut un sinnier vör mi hen, tau'm Bispill oewer de Frag: Wier Rostock nu eigentlich een Up – orrer een Dalsprung in mien Läben. Ne klore Antwurt heww ick bät hüt nich funnen.

So kam ick ok in dissen Sommer werrer up den Uniplatz an un will mi an den Brunnen setten. Doch bi de Bänken gliek dor achter möt ick faststell'n: Dat is so, as dat hier meistens is. Tworstens sünd dor 'n poor Plätze frie, aewer de jungen Lüüd, de vörher dor säten hemm', harden de Fäut up de Sitze hat. Sei seeten leiwer up de Lehn von de Bänk, dat is cooler, un so wier de Dreck up den Sitzplatz doch nich so recht wat vör mien helle Bücks. So gah ick 'n Stück wieder un sett'e mi an de Siet up ne friee Bänk. Von hier ut heww ick 'n gauden Oewerblick oewer den ganzen Platz, kann dat Minschengewimmel in de Kröpeliner Straat gaud verfolgen un bünn dor Gott sei Dank nich middenmang.

Dat duert nich lang, dor kamen twei junge Dierns oewer den Rasen up miene Bänk tau. Ick kiek ehr fründlich engegen, heww gor nicks dorgegen, dat ick 'n bäten Gesellschaft krieg. Sei sünd woll üm achteihn Johr, hemm' beid lange Hoor, un de ein, de blonde, is würklich 'n smuckes Mäten. Sei hatt 'n wittes Shirt an, dat knasch an ehren schlanken Körper sitt, Buuk un Buuknabel sünd frie, as dat in dissen Sommer grote Mod is.

„Ist hier frei?" fröcht sei. Ick segg: „Ja, bitte!"

Nu fang'n sei beid glick an tau snatern, un natürlich kann ick gor nich vörbihüürn. Ick krieg bald mit, worüm dat geiht. Sei hemm sick hier up den Uniplatz mit Jungs verawrädt. Nu kümmt oewer ein Problem tau Sprak: „Ich habe gar nicht gewusst, dass dieser Platz so groß ist", seggt de ein, de hübsche. „Ja, echt groß", seggt de anner. Se oewerleggen 'n Oogenblick, denn föllt de blonde Diern, de näben mi sitt, wat in. „Du hast doch dein Handy mit", seggt sei tau de Fründin. „Ja, du doch auch", meint de anner." – „Ja, aber ich hab' doch nichts mehr drauf", seggt de ierst wedder.

Dit kenn ick gaud, so argumentiert mien Enkelin, de ok so olt is, as de beiden hier, mi gegenoewer ümmer, wenn sei mien Telefon benutzen will. Ick kann dor natürlich nicks gegen seggen. Unse Jasmine röppt denn ehren Fründ in Berlin an un tworsten von mienen Apparat up sien Handy, un dat ward denn ok schön düer. Man will denn kein Unminsch sein, gnägelt noch 'n bäten rüm un loet ehr denn daun, wat sei will.

So makt dat nu de tweite Diern ok, sei giwwt ehr Handy af. De Blonn' wählt nu elegant mit ein Hand – ick bruk dorvör ümmer twei – un mit „Hallo!" fangt sei dat Gespräch an. Mit eins sett' sei oewer dat Gerät aw un wendt' sick an de Fründin: „Du, sag mal, wie heißt eigentlich der Alte hinter uns?"

Ick verfiehr mi. De Diern hett mi bit't Telefonieren 'n so bäten den Rüch taukiert un in iersten Moment denk ick, mit den Ollen meint sei mi. Tworsten fäul ick mi meistentiets nich as son' Oll, man blot de Johren nah bün ick dat je nu mal, sünnerlich för so junge Dierns von achtein.

De Beiden dreihden sick nu nah achtern üm. Nu is mi natürlich klor, wecken sei meinen: Genau achter uns steiht Vadder Blücher, de grote Marschall ut Rostock, up sienen Sockel un kiekt oewer uns weg up dat Fiefgiebelhus in de Kröpeliner Straat.

De Diern dorvör will ehren Fründ an disse Stell dirigieren, weit man blot den Namen von den ollen Blücher nich. De anner Diern künn ok nich helpen. „Null Ahnung", keem blot von ehr. 'n lütten Oogenblick täuw ick noch, denn segg ick un versöchte dat möglichst cool ruttaubringen, gor nich so as son' Schaulmeister: „Das ist das Blücherdenkmal."

„O, vielen Dank!" Ehr blage Oogen strahlten mi fründlich an.

„Kennst du Blücher oder wie der heißt?" fröcht sei nu ehr Fründin. Oewer von dor kümmt blot wedder „null Ahnung". Dit kenn ick nu schon.

Binah heww ick Lust, de beiden wat von den ollen Marschall Vörwards tau vertellen, ick lat dat oewer, un dat is gaud so, denn de Anrauperin hett all dat nächste Problem: „Du, wie schreibt man Denkmal, mit oder ohne h?"

Ick denk, nu kümmt dat drüdde Mal „null Ahnung", oewer nu hett sei weck un seggt: „Is doch egal, ich glaube mit h."

Ifrig tippt miene Nahwersch up dat Handy un ick begriep, sei telefoniert nich, sei schriwwt 'ne SMS. Dorüm möt sei weiten, woans Denkmal schräben ward.

Sei is noch gor nich ganz farig mit ehren Text, dor kamen twei junge Kierls oewer den Rasen up uns Bänk tau. Sei hemm' de Dierns all lang entdeckt. –

"Hallo" un "High" geiht dat un Bussy hier un Bussy dor. Dat Handy verswinnt in de Tasch. De Dierns springen up. Vier junge lustige Minschen sträben up de Kröpeliner Straat tau. Ick freu mi, as ick ehr nahkiek. – Eigentlich schad, dat sei nich Tschüß seggt hemm, denk ick so bi mi un denn kümmt mi Pisa in den Kopp. Ein Deil möt ick de Dierns laten: Sei weiten in de Geschicht un in dat richtige Schriewen nich so recht Bescheid, dat Handy oewer beherrscht sei ut 'n FF. Bi mi is dat genau ümgekiehrt. (2006)

Wolfgang Mahnke

Dei Hochtietsnacht

"Dei Kierls sünd knapp, lat di dat seggen,
lang'n kannst du nich mihr oewerleggen!
Dei Jungschen sünd nu all vergäwen,
poor Öll're sünd bi oewerbläwen.
Von dei, wenn 'k di dat raden kann,

nimm Kräuger Schlicht as Eheman.
Dei geiht twors up dei soemtig tau,
man hei hett Geld, ick weit 't genau."
So räd Fru Möller Dag vör Dag,
wat keinein ehr veroeweln mag,
op Döchting, Hannelore, in.
„Geiht dat nich in dien'n Brägen rin?
Mit dörtig heit dat fixing friegen,
süss künnst an't End gorkein'n kriegen!"

Un so is dat denn würklich kamen,
dei Diern hett Schlicht as Mann sick nahmen.
Denn kümmt nah 't Fiern un Gedau
dei Hochtietsnacht je up sei tau.
As beid in't Bedd liggen dicht an dicht.
Fröggt tögerig dei olle Schlicht:
„Hett Mudding di denn ok woll lihrt,
wat in so'n Hochtietsnacht passiert?"
„Nee", seggt dei Diern un kickt ehr'n Mann
mit grote Ogen fragwies an.
„Dat 's schad för Di, mien leiwes Mäten,
denn ick oll Kierl hew alls vergäten!"   (2012)

Dietrich Hoffmann

Dat Tschipp-Kortenspäl

Dor denkst du nu, du büst ein Minsch mit Hart un Seel un Perschonalutwies. Hest dacht! Mitohne Tschippkort büst du nix. De Minsch geiht ierst bi de Tschippkort an.

Midden up de Strat fall ik üm – plautz pardauz. Wecke pluustern sik up un denken, ik bün all schnirkendun un gahn fuurts wieter. Äwer ein Anner röppt mit sein Handy de 112. De Sanis verfrachten mi in 't Krankenhus.

Ein vun de Helper makt den Dokter vun de Notupnahm künnig: „Entweder Zuckerschock orrer de Kierl is blau."

De Dokter fröcht: „Hat er wenigstens eine Chipkarte und die 10 Euro für die Praxisgebühr?" De Chefsani fummelt in mien Jackett rümmer un denn in mien Norsdasch. Dor ward er de Kort finnen un ok de Moneten un secht: „Er hat." – De Medizyniker studiert ierst gründlich de Tschippkort un denn flusig den Euroschien un mi as Patschent un secht: „Schnell ab auf die IV!"

„Hat er denn auch eine Chipkarte?" fröcht scharp de Stationsdrak vun de IV.

De Zivi, de mi up Station karrt hett, secht: „De hemm s' in de Notupnahm all inscheckt." De Drak is taufräden un orrert mi in 't Timmer 7.

Meddach gifft dat ohne Tschippkort. De lütt Süster, de mi de Köst leiwlich an 't Bedd bringt, is man nur ein Azubi un Tschippkorten gahn ehr nix an – vun wägen den Datenschutz.

Dorna geht dat mit mi af in de Tomisografie orrer woans dat heit, wenn s' di in einen small Tunnel so Stück för Stück dat Binnelst fotografiern. Dat hett sogar ohne Tschippkort funkschoniert. De Tunnelknipser – ik glöf, dat wier ein frömdlännschen Innerist – verklart mi in sein Muddersprak de Diagnose. Ik heff nur Bahnhoff verstahn. Wat sall dat bedüden: Ulkus, Diabetes mellitus orrer Abstinanz? Wo he mi nu nauch inneriert hatt, gifft he mi ein Rezept för de Afteik. „Sie sind entlassen", secht he. Gottseidank gellt dat nur för dat Krankenhus un nich för mien Firma.

An 't Krankenhus grenzt rein taufölig ein Afteik. De will äwer nich mien Tschippkort sehn, sonnern is scharp up ein Stammkort. Wo ik de nu nich heff, sünds ok taufräden mit mien Eurocard. Man gaut, dat ik de PIN-Nomer noch in'n Kopp heff, süss harr ik de Medikamenten nich tahlen künnt vun wägen de niege Krankheitsreform.

Äwer nu fuurts na Hus! Ik rinner in de Stratenbahn.

„Fahrkartenkontrolle!" Schiet ok, an ein Fohrkort heff ik nich dacht. In mien Auto bruk ik sowat nich. Ik wies plietsch den Kontrullör mien Tschippkort. De is em schietegal, is woll kein Dokter nich. Ok de Eurocard makt em nich an un nich mien sülwern Club-Kort vun den Bökerversand, ok nich de güllen Milionenkort vun de Lotterei. He schrifft mi ein Orrer up un verdunnert mi tau sösstig Euro, „zahlbar innerhalb 10 Tagen".

Dat makt mi farig. Ik foll wedder vun'n Stengel, un dat midden in de Stratenbahn. Dat wier nu nich mien Zucker nich, dat is dat Ergäwnis vun utwossen Stress. Dor hest du nu so an de dusend Korten, kannst sogar Rummee dormit spälen orrer Swatten Peiter, un nich mal de Schippkort is ein Joker wiert. – Upwacht bün ik ierst in'n Hewen. Petrus sein Engel süht ut as mien Frau. Dat makt mi glücklich, denn mien Frau heff ik all up de Ierd mien Stiern orrer mien Engel noemt.

Un nu secht dissen Engel ok noch tau mi mit leiwlich Stimm: „Wo hest du man blots wedder dien Tschippkort vermölt? De Sani, de sik mit di so afmäuht hett, brukt ehr!"

De Hewen is ok nich mihr, wat he mal wier. Ward mi nich wunnern, wenn de Erzengels mi ok noch teiden Euro Intritt afföddern. (2006)

Jürgen Rogge

De Katteiker

Dat de Kierls de slechteren Minschen sünd, dat weiten wi jo all lang. Allein all deswägen is dat so, wil de Kierls dat Seggen hebben. Patriarchat heit dat, vörnähm utdrückt.

Rutfunnen habben sei, de Kierls, dat oewer nich. Dat wir Gott Vadder sülben, as hei Adam un Lilith maakt hett, jedeien ut 'n Hümpel Leihm. Sei harr'n de sülbigen Rechte un Plichten, wat natürlich nich gaut gahn künn. Dat hett denn ok de leiwe Gott markt un Lilith nödigt, sik in de Ünnerwelt tau begäben. Denn ierst hett hei de tweite Fru von Adam, Eva, ut ein von sin Rippen maakt. Un dat deswägen, dormit Adam de Herr in 't Hus ward.

Eva hett dat bät hüt nicks utmaakt, oewer hen un wenn anner'n Frugens, oewer ümsüs. Dor mütten wi blot an dat Verbäuten von de Hexen denken. Selten kem dorbi 'n Kierl tau Schaden. Doch Lilith is nich ganz verswunnen. Dat markt man oewer blot, wenn man sik dat Läben genauer bekickt. Ik vertell von ein oll Poor, Hans-Jochen un Lieselotte. Beid läwten miteinanner näbeneinanner. Sei wünschten sik heimlich 'n anner Läben, doch Hans-Jochen wir tau swack, üm wat tau ännern.

Un Lieselotte, wohrschienlich ünner denn' Influss von Lilith, harr sik utdacht, ehren antruten Mann ut dat Paradies rutetausmieten. Disser snorkte all sit Johren. Deswägen künn Lieselotte slecht slapen. Sei hett Hans-Jochen nachts öfter eins in de Rippen stött un sei höl em de Näs tau. Sei röp em lut un sei maakte Licht an. Hans-Jochen fäuhlte sik stürt, blew oewer in de Slapstuw.

Sei vertellte allens denn' Dokter un Hans-Jochen müsste in ein Slaplabor. Hei süll dornah ein Mask drägen, wo ein bestimmte Luft ut ein Buddel ut Iesen rut kem. Dat wull hei oewer nich, will hei Bang harr, dat hei denn gor kein Luft mihr kreg.

Dor kem Lieselotte up de Idee, 'n Katteiker in 't Hus tau halen. De dörfte in de Slapstuw up dat Schapp wahnen. Gegen Morgen, wenn dat hell würd, leggte sei 'ne Hasselnöt up dat Taudeck von Hans-Jochen. De Katteiker sprüng von dat Slapstuwenschapp up dat Bedd, grep nah de Hasselnöt un klatterte wedder up dat Schapp. Dor gnagte hei de Nöt mit Vergnäugen up.

Dörch denn' Sprung un dat lude Fräten würd Hans-Jochen wak. Hei wir dags nich utslapen, würd gnatterig.

Nah drei Maand, also nah 90 Hasselnöt, harr Hans-Jochen de Snut vull un hett in de Stuw slapen, wo süs de Söhn wahnt harr.

Lieselotte wir heil froh, dat hei uttreckt wir.

Von dissen Dag an hett de Katteiker kein Hasselnöt mihr krägen, oewer hett von de Pillen prauwt, de Lieselotte up denn' Nachtdisch deponiert harr. De bunten Tabletten un Dragees seegen ut as Bongers, de de Katteiker girn in de Tablettenbox sortiert un af un tau ok fräten hett.

So is dat kamen, dat de Katteiker de Dosierung dörch'nanner bröcht hett, weswägen Lieselotte tauväl von de Pillen gegen Zucker nehm. Sei is nich wedder tau sik kamen. De Dokters hebben wat von „hypoglykämischen Schock" seggt.

Hans-Jochen hett nu wedder in de Ehebedden slapen. De Katteiker, oewrigens 'ne Katteiker-Fru, sortierte von nu an de Pillen för Hans-Jochen, bät ok de kein mihr brukte.

Katteiker sünd äben de kläukeren Minschen.

(2013)

Wolfgang Mahnke

Dat Dodenmahl

Nah ein lang Seereis hard ick väl Frietied un langwielte mi tau Hus. Mien Fru, dei Veterinärsch, müsst arbeiten.

„Kum mit up Praxis, kannst mi bäten unner dei Arm griepen", säd sei. „Denn ward di dei Langewiel woll vergahn!"

Mit ehr Auto, ein'n Papp 70, führten wi von Kauhstall tau Kauhstall, üm Blautproben tau nähmen. Ick kreeg orrig wat tau daun un Spaß makte dei Sak ok.

An einen Novemberdag hard mien Fru in ein Dörp bi Tessin tau daun. Ditmal nich mit Käuh, nee, wat mit Häuhner stünn up ehr'n Plan. Sei set'te mi vör 'n Dörpkraug af un säd: „Bestell di 'n Grog. Hüt bruk ick dien Hülp nich, tau Middag bün 'k wedder hier."

Ick seet allein an ein'n Disch in dei grot Gaststuw. Mollig warm wier dat hier. Dei Wirt hard mi den'n Grog bröcht. Nu läste hei achtern Tresen in'n Blatt. Blot wenn hei ümblädderte, raschelte dat 'n bäten, süss würd dei Rauh dörch nix nich stürt. Oewer denn keemen doch noch Gäst, ein Truergesellschaft. All öllerige Lüd' üm sösstig, kein Kinner.

Dat wier woll 'n schweren Afschied wäst, denn dei Mannslüd' güngen wat vörnoewer bögt, as harden sei noch den'n Sarg up ehr Schullern un dei Frugenslüd' hulten un wischten sick gägensietig ehr Tranen af. Sei harden vörnähm utseihn in dei schwatt Kleedasch, wenn nich dat Schauhtüch so schietig wäst wier. Dor kläwte noch dei Leihm an, dei bi 't Grawuthäben up 'n Friedhoffsweg tau liggen kamen wier.

An den'n groten Disch spröken sei liesing miteinanner, so dat dei Rauh von den'n leiwen Doden nich stürt würd up den'n Friedhoff, dei gägen den'n Kraug anleeg. Willem, würd seggt, hard bet tau'n letzten Atentog dei Messfork nich ut dei Hand leggt, wier ümmer för Hus un Hoff, Veih un Familie dor wäst un hard Arger, wenn 't den'n mal geew, leiwer in sick rin fräten, as anner Lüd dormit uptaurägen. Un ümmer lustig un kum mal 'n Schluck.

Möt woll dat nattkolle Wäder Schuld an wäst sin orer ehr wier dat Gräwnis up 'n Magen schlagen, denn dei Kräuger drög all dat söss't Mal Kurn un Bier up. För dei Frugenslüd' ok. Ganz verklamt harden s' utseihn, as sei vör 'n Stunn rinkamen wier'n. Nu oewer däuchten sei up, mit jede Lag mihr. Dat würd ok dütlich luder in dei Gaststuw un dei Truergäst wier'n nich mihr so zach, wenn 't üm den'n Doden güng.

„Nee, Willem is süss würklich 'n gauden Kierl wäst", säd ein von dei Frugens. „Man 'n tämlichen Gnatterpott wier hei ok un sien Frieda, Gott hew ehr seelig, hard dat nich ümmer licht bi em hatt. Hei wull jeden Dag wat Gaud's in 'n Magen hebben, man Geld hett s' von em nich krägen. Wenn sei nich dat Eiergeld hatt hard, na, ick weit je nich. Un recht wat antautrecken hard sei je ok nich, blot oll Plünn'n up 'n Liew."

„Vergät dien Räd nich, Erna", röp von'n Tresen dei Kräuger, dei intwüschen 'n Bradenplatt, Schöttels mit Tüffel, Rotkohl un Soß up 'n Disch stellt hard, „wullt ji tau 't Äten Rotspon drinken orer bliewt ji bi dei Gedecke?" Nee, sei wullten nix anners. 'n Ogenblick späder wiern dei Gläs wedder vull.

Mit Heithunger makte sick dei Gesellschaft oewer dat Dodenmahl her. 'n poor Minuten lang wier blot dat Klappern von 't Ätgeschirr tau hürn. Oewer denn nähm dei Unnerhollung wedder tau.

„Ick möt di recht gäben, Erna", säd ein von dei Buern. „Nix gägen Willem. Man dat stimmt, giezig wier hei. Blot wenn hei tau Kraug güng, künn 't nich dull naug warden. Hier, up dissen Stauhl hett hei ümmer säten un ‚hoch die Tassen'! Un denn süng hei ümmer dat sülwig Leed. Weit ji noch? Ssi, ssa har 'k man 'n Lütten, har 'k man 'n Lütten, har 'k man 'n Lütten." Mit 'n Mal harden sei all ehr Kömglas in 'n Hand un süngen, as wenn Austköst wier: „Ssi, ssa har 'k man 'n Lütten, har 'k man 'n lütten Schluck!"

As dei Gaststuwendör knarrte un mien Fru up 'n Süll stünn, brök dei Gesang af. Föfteigen grieshorig Köpp dreigten sick langsam nah ehr üm. As sei wohrnahmen harden, dat dor kein ut 't Dörp stünn, makten sei sick wedder oewer dat Äten her. Blot dei Buer, wecker den'n Gesang anstimmt hard, nähm mien Fru neger in'n Ogenschien un plinkte ehr tau. Ick künn em verstahn, denn dor stünn je 'n staatsch jungen Fru. Man dat Plinken makte Erna fünsch. Unnern Disch peddte sei em an dei Schänen. Hei beet dei Tähnen tausamen un nuschelte wat von „Malle Kauh" orer so.

Dat End' von disse Truerfier wull ick nich beläwen un säd tau mien Fru, dei mi verwunnert ankeek: „Lat uns nah Hus führ'n, wat hier los wier, vertell 'k di unnerwägens."

As ick bi'n Kräuger den'n Grog betahlen wull, winkte hei af. Hüt makte bi em wat anners den'n Kohl fett, nich mien poor Pennings.   (2003)

Klaus Regolin

De Verkünnigung

Dat sünd nu all bannig väl Johren her un männigeen Emmer Woter is de Elde un Warnow dalplümpert na Pierdknüppel un Doems, allerhand hätt sick verännert in düsse Tiet, wenn ook nich ümmer tau'm besten, aewer ut denn' lütten Jung', mien'n Saehn, is in de Twüschentied en'n staatschen Kierl vun binah veertig Johr'n worr'n un hei is ook ümmer noch so plietsch as hei dat dunnemals wäsen deed, as de lütte Begäbenheit possierte, de ick juch woll vetell'n will.

Uns' Fomilje, de in denn' verdammigten Krieg in Hamborg all'ns verlor'n harr', was up Ümwegen wedder trügg' na Meckelnborg kamen, in dat Land, wo sei aewer lange Tiet hen to Huus west, un nu wedder vesöchte, niege Wöddeln to faten.

Ick güng Dag för Dag tofaut tweimal den'n Wegg van Wickendörp na Groten-Schwerin tau Schaul – Sommers as Winters – un füng ook wedder an, Klevierünnerricht tau nähm'n bi mien leiv Liehrerin,

Professor Elisabeth Lange, de noch as Hofpianistin bi den' Grothartog wäst wier.

Oewer dat wull ick jo egentlich gor nich vetell'n un dorüm maak ick nu ee'n groten Hoppser na Stralsund, wo ick – na mien Studium un Examen – mit mien jung' Fru „ansässig und tätig" worr'n wier, un wo ook de lütt' Jung' in düsse Welt kähm, von den'n ick vörhenn snackt heww. Hei wier ee'n ganz säuten, lütten Bengel un wi harr'n väl Freud mit em un an de lustigen Geschichten, de wi mit em belevt hebben – un ee'n dorvon will ick tau'm besten gäwen.

Mit „In-de-Kark-lopen" un dat „Gott-in'n-Munn-'n-drägen" harr'n wi nich alltoveel in'n Sinn, aewer wi hürten „Em" inne Musik, ganz besonners de, de uppe Orgel speelt ward; un dorüm wier'n wi denn ofteins in St. Marien bi'n Kanter up de Ördel (wi säden ümmer „Ördel" tau de Orgel, aewer dat is jo egentlich wat ganz anners, wat de meersten hüüt gor nich miehr weiten). Un uns' lütt' Bengel was ümmer dorbi un hürte mit tau, wenn Dietrich Prost (nomen est omen) sien'n Bach un Buxtehude öwte. Dorbi krööp uns' lütt' Andreas dor baben in alle Ecken ümher un stöberte denn ook den'n Popierkorw mit all de välen lütten un leddigen Buddels up, de Dietrich (Prost!) tau'm Upwarmen (von binn'n) utsapen harr. Tau'm Upwarmen för sien' Hänn' drög hei 'n Poor Hanschen, vun de de Spitzen affsneden wieren, dormit sei up de Tasten vun de Klavijatuhr passen deden.

Ook süss harr uns' Jung' ümmer de Oogen un Uhren apen un em entgüng so leicht nix. Ick müsst mi man bannig in acht nähm', dat mi nich männigmal 'n Wurt ruterrutschte, dat nich so ganz stubenrein wier, denn de lütte Schietbüdel snappte dat in eens up un makte mi denn upmerksam, dat dat Wurt „hässlich" wier un dat dat nich seggt war'n dörft, un dorbi nähm hei denn de Gelägenheit wohr, dat „hässliche" Wurt moeglichst oft tau segg'n un tau wedderhalen.

Tau Wihnachten nu, hei wier grad – Anfang Dezember – twei Johr old worr'n, dachten wi, wenn wi em nu in uns' Mitt' nähmen un gaud uppassen deden, würden wi dat woll eins wagen könn'n, mit em inne Christvesper to gahn. Nu ja, wi instruierten em utführlich (un hei hürte ook ganz nipping un wiss to), dat hei dor inne Kark ganz, ganz still sien müsst' un överhaupt nix seggen dürft'. Hei hätt uns' dat ook fast vespraken, ganz müsingstill tau sien.

De Kirch wier nu ook an den'n gewissen Wihnachtsnahmeddag ganz proppen vull mit Minschen un wi seten, mit den'n lütten Draemel twüschen uns, meerden in dat Schipp von St. Marien, wo wi all'ns gaud seih'n un hür'n können. De Ördel speelte, de Paster salbaderte, un uns lütt' Jung' was ook so still as ne dodige Muus. Keek mit grote Oogen ringsüm un em drängte dat männigmal, wat to fragen oder to seggen, aewer hei höl' sick standhaft trügg un blew ganz still un ruhig.

Nu keem de Paster von ünnen, von den'n Altor, wo de Lütt' em nich harr seihn künnt, de Lavendel-Trepp na baben up de Kanzel un füng an to predigen. Vetellte de ganze schöne un lange Wihnachtsgeschicht un verkommentierte dat ook all mit väl Bewegung un Gestikulatschon, schwankte von ein' Siet tau de anner, keek hierhenn un dorhenn, na baben, na ünner, spröok indringlich, liesing un denn wedder luder, bögte sick över de Kanzelbrüstung na alle Sieden henn, fuchtelte mit sien Hänn' un wringte sei na baben, dat sien Halskrause bewte un hei turnte up de Kanzel ümher as süst mi woll; un dat güng so 'ne ganze Tietlang.

Uns' lütt' Jung ögte mit grote Oogen un apen Munn', hei vefolgte jede Bewägung: Un em entgüng abslut nix. Un mit 'n Mal wier dat Spektakel vörbi, all'ns still, man blot 'n poor Hüster inne Gemeinde. De Paster folgte seien Hänn' över de Bibel tausamen, läd' sien' Kopp doruppe un güng in een „stilles Gebet". De Gemeinde verstummte ganz un gor. 'n künn' 'ne Fedder tau Boden fall'n hür'n.

Up eenmal, ahn de allergeringste Vörwarnung, schüll' klor un rein as de Stimm' vun en'n Arzengel dörch de hillige Still' vun Freden un Andacht ut een lütte Kinnerkähl de unschüllige Roop: „Nu is de Kasper dot!" –

Wi vesackten in de Katakomm' vun St. Marien.

(2003)

Dietrich Sabban

Striet up den' Wihnachtsmännerweltkongress

Letzten Sommer har ik nah Dänemark schräben, nah Bakken. In dissen Vergnäugungspark, 'n bäten nürdlich von Kopenhagen, ward ja jedes Johr von 'n 23. Juli an de Wihnachtsmännerweltkongress afhollen. 2007 wier dat nu all dat vierunvierdigste Mal. Dat har ik in uns Blatt läst. Un nu wull ik doch giern weiten, wat de 120 rot-witten Delegierten ut de meisten Länner, in de de Wihnachtsmann taut Fest hürt as de Bibel taun Preister, de drei Daach besnackt hebben un wat dorbi rutkamen is. De teihn Sieden, de ik von den' Konferenzpressechef, einen gewissen Ole Julklapp tauschickt krägen heff, hebben mi all de Dänenkronen kost, de noch in de olle Büss klappern deeden, ut de mien Öllern ümmer dat Spälgeld taun Sössunsösstigspälen nahmen hebben. Öwer lohnt hett sik dat. Un worüm? Wägen den' Inblick in de wirtschaftlichen un politischen Wihnachtsinteressenkonflikte un dat wihnachtsmännliche Unvermoegen, sik vernünftig tau einigen. Dat mütt dor jo ähnlich so taugahn sien as in de UNO! Söss Stunnen lang hebben sei allein oewer de Kongresshymne sträden. Väle wieren woll för „Stille Nacht", de Spanier wullen den „little Drummer", de Delegierte von de por irakischen Christen wier för „Dona nobis pacem", doch de amerikansche Wihnachtsmann meinte, dat güng jo woll al wedder gegen Amerika un slög „Jingle Bell" vör. Dat harn doch de Minschen ümmer al vör den' tweiten Adventssünndach satt, meinten väle, un Russ bröcht' dorüm „Kolokoltschik", „das einsame Glöckchen" in 't Spill. Hen un hier güng de Striet un ierst as sei ok „Es ist ein Ros entsprungen" nah alle Sieden uteneinnahmen, un ok meist all den' Kopp schürrt harrn oewer den' chines'schen Vörslag, för ehr Johreskonferenzen leiwer de „Internationale" as Hymne fasttauleggen, keem glücklicherwies de Düütsche, 'n Mäkelborger up de klauke Idee, mit „O, du Fröhliche" allens so tau laten, as dat al ümmer wier. So würd dat ok beslaten. Anners harrn sei woll hüt noch sträden un Wihnachten rein vergäten. Öwer dat güng jo mit den' Ort von de Johreskonferenzen grad so wieder. Väle Delegierte stoehnten oewer de Julihitt in Dänemark un meinten, wenn nu de Warmnis up de Ierd ümmer grötter würd un de dänsche Juli ümmer öfter so heit, denn süll man doch oewer 'ne Verlagerung von de Konferenzlokäischen nahdenken. „Nah Alaska", slög de amerikansche Wihnachtsmann vör, har öwer dormit binah de Versammlung uteneindräben. Sogoar de dänsche Verträter frög spitz, ob Amerika an En' de Afsicht har, nich blos de Demokratie up disse Welt sünnern ok dat Weltwihnachtsgeschäft tau monopolisieren.

Dor wier dat blos gaut, dat de engelsch Verträder sienen amerikanschen Kollegen bistünn, indäm hei vörslög, sik up Mäkelborger Erfohrungen tau besinnen un den' Punkt up unbestimmte Tiet tau vertagen.

Mit de Diskussion oewer de Deinstkledungsvörschriften güng 't annern Morgen wieder:

Abends harrn sik allerdings de meisten gägen de Warmnis riecklich tollfrien Akkervit, dit dänsche Superkoppheisterwader, achter de Binn gaten, un nu Mäuh nauch, Klock nägen wedder 'n würdigen Indruck tau maken. Blos de Alpenwihnachtsmänner harrn 'n kloren Kopp, indäm sei man blos Gletscherwader von den' letzten Rest von den' berühmten Tessiner Nordglacier drunken harrn, un al 'n Kompromissvörslag utarbeit'. Wenn doch ehr Kongress nu mal an besten in de Mitt twüschen twei Wihnachtsfeste, also in' Juli passen ded, säden sei, denn künn doch oewer Deinstkledung nahdacht warden, de ok in warme Johrestieden, also ünner Tropenverhältnissen dragen warden künn. Dorbi süll rot-witt as Grundfarf för de köllere Johrestiet un rot-brun för högere Tempraturen infört warden, wobi natürlich de Sommerstoff dünner sien süll. De Vörslag wier gaut, öwer wier noch wierer uttauarbeiten, meinten s' all. Ok de Stoffort mösst fastleggt warden, meinte de Wihnachtsmann ut Schottland. För den' Winter würd hei jedenfalls al mal schottschen Wullstoff för passlich hollen. Dat sehg de Schotten ähnlich, meinte de Vietnamesenwihnachtsmann. Chinesen un Vietnamesen wullen ok 'n bäten an Wihnachten verdeinen un wenigstens dat Neihgen müsst an ehr Länner vergäben warn. För den' witten Pelzbesatz, meld' sik de Kanadier, süll Seal nahmen warden, wobi de Quoten för de Robbenbabyslachterie denn öwer höger sett warden mössten. Dormit har hei den' Russen gegen sik upbröcht, de natürlich bi brunen Pelz an Zobel un bi witten an russche Polarvöss denken deed. De Striet güng ok nahmerrachs noch lutstark wieder un nehm sik noch mihr up, as de Nordkoreaner as Verträder von de 100 koreanischen Wihnachtsmänner dit Gerangel as typisch „kolonialimperialistisches Machtgerangel" beteiken un erklären deed, dat de nordkoreanischen Wihnachtsmänner up ehr eigen Stoffe un Pelze setten würden. Wer Atombomben bugen künn, wier up Amerika, Schottland un Russland nich anwiest. Kort un gaut: 'ne Einigung wier nich möglich un de Vörsitter greep wedder up den' mekelborgschen § 1 trüch.

De drürde Dag füng noch slechter an. De Delegierten harrn bet up de ut de Alpenlänner den' ganzen Abend drög dalsluken mösst, wiel doch ehr prieswierten Spirituosen verbrukt wieren un de Spesen ok, un nu wier ehr Stimmung ok dornah.

Sei bäterte sik öwer, as de Frag diskutiert würd, wat sei woll gägen de Inflation un de ümmer högeren

Priese för Rentierfauder un Slädensmier in Dänemark daun künnen. Dor keem 'n Vörslag up den' Disch, dat Fohrtkosten un Spesen för de Delegierten üm tauminnst 50 € pro Dag uptaubädern wiern un dat Dänemark upföddert warden süll, Gautschiens för tollfrieen Inkoop von Alkohol för jeden Delegierten uttaugäben. Un sei würden denn binah wedder vergnäugt, as dat einstimmig beslaten würd.

Doch denn keem as letzt de Punkt 5, Geschenkwiert: Hiertau mök de chines'sche Delegierte in sien tweistünnige Räd klor, dat Statur un Training von de Wihnachtsmänner ok un sogoar in China nich mihr dat sünd, wat sei früher mal wieren.

Dat verdeuwelte Internetsörfen wier doran schuld. Tau wenig Bewägung! Doch wecker Wihnachtsmann prieswiert Geschenke inköpen will, de mütt hüttaudags sörfen, bet sien Sittfleisch streikt. Un de Geschenke würden ok nich blos ümmer wiertvuller sünnern ok ümmer grötter un dormit sworer. Dor süllen doch einheitliche Normen, tauminnst Maximalgrötten, Maximalgewichte un an besten ok Maximalwiert fastleggt warden.

Dor har hei öwer wat seggt! Ok de düütsche Delegierte mök sik nu Luft: Wat disse Reglementierung nu süll. De Kongress dörft nich tau 'ne Ort Staatliche Plankommischon warden. De wier in Düütschland endgültig afschafft worden. Un de Kongress dörft up keinen Fall Minderheiten diskriminieren. Jeder Beschenkte mütt doch woll dat glieke Recht hebben, 'n Geschenk för einen Euro, orrer 'n fiefkarätigen Diamanten orrer 'n Computer un ok 'n Mercedes orrer ok gor nix tau Wihnachten tau kriegen. Un de Wihnachtsmänner hebben dat tau bringen orrer ok nich, wenn 't nix gifft!

De Kongress wier jo woll in 'ne Slägerie utort', wenn nich de ruhige un erfohrene Mäkelborger Delegierte dorbi wäst wier. Sien Räd bröcht alls taun 'n gaud' En'. Un so deed sik dat Schlusskommunique ganz fründlich läsen. Dor wier de Räd von „Einmütigkeit in allen beschlossenen Punkten" un „Beschlüssen von weltweiter Bedeutung". Öwer dat kennen wi jo al.

Dat is jo woll kuum tau glöben, säd mien Fru, as ik ehr dat vertellte, un ik har ehr dat giern swart up witt in den' Originaltext zeigt, doch dunn har sei dat ganze Pamphlet al taun Wihnachtsfinsterputz brukt un entsorgt. Noch mal henschrieben kann ik nich – ik heff ok kein ollen Kronen mihr un Euros sünd mi tau schad. Ik weit jo ok nich, ob un wo lang' dat de Kongresse noch gifft, denn irgendwenn stellen doch woll Bayern orrer Baden-Würtemberg den' düütschen Kongressdelegierten. Dat geht jo bestimmt üm mank de Bunneslänner. Doch denn, denn is 't vörbi mit de Wihnachtsmännerweltkongresse. So as ik de weck Politikers von dor kennen dau, glöw ik nämlich nich, dat utgeräkent ehr Wihnachtsmänner sovӓl Ruh un Oewersicht hebben, as de Meckelborger, un ok, wenn 't kritisch ward, ümmer den „Paragrafen Ein" von de olle Meckelborger Lannesverfatung prat hebben, wenn sei oewerhaupt al mal wat von hürt hebben! (2009)

Gerd Lüpke

Putting orrer Woans Fritz Reuter in den Häben keem

Dat kümmt ümmer wedder eins vör, dat ick öwer Nacht in mien Bett ligg un kann nich slapen, wieldat mi so väl Dingen dörch den Kopp gahn. Un denn passiert dat af un an, dat ick, – so twüschen twölf un ein üm Mirrennacht rüm, – Besäuk krieg. Ick bün ja doch all'n ganze Tiet gaud Fründ mit einen lütten Engel, de bi Nacht giern eins vörbitaufleigen kümmt tau'n Klöhnen. He räd't plattdütsch, indäm he tau Läwtieden in Meckelborg tauhus wier, – in de Hagenower Gägend. De lütt Engel heit Putting – öwer mit twei T, seggt he, ja nich mit twei D!

He is 'n nüdlichen lütten Kierl, hett rode Backen, lustig Ogen un brune Krüllenhoor – un he dröggt ein witt T-Shirt. Doch, sowat hebben se in'n Häben nu ok all. „Heaven is wonderful" steiht dor up. In Engelsch. Möt ja. – Dirs Daag wier Putting ok wedder eins bi mi in de Slapstuw, un he frög, woso ick son suer Gesicht maken deed. Ick stähnte bäten, as ick säd: "Och, Putting, ick sall vör ganz väl Meckelborger an den Reuterstein bi Doems wat von Fritz Reuter vertellen. Wat Nieges! Öwer von Fritz Reuter giwt dat nu ja doch woraftig nix Nieges miehr!"

Putting dacht 'n Ogenblick na – öwer denn reep he mit sien fiene Engelsstimm, de sick ümmer son bäten na Wiehnachtsklocken anhürt: "Denn will ick di wat vertellen, wat de Lüüd för wiss noch nich weiten, nich mal Hückstädt! Un twors, woans dat wier, as Fritz Reuter in den Häben keem!"

Na, dit würd mi nu ja interesseiren. So sett'te Putting sick up mien Bettsiet un trök iersteins sien T-Shirt trecht. He läd ok sien Flüchten schön grad aneinanner – un denn vertellte he mi, woans Fritz Reuter dunn, vör hunnerteinuntwintig Johr, in den Häben kamen is:

De Cherub, de vör dat grot Häbendur up Wach stünn, makte 'ne brummig Snut. Sien Füersabel harr morgens bi'n Appell nich gaud brennt, un de Häbenkopperal harr em de halbe Nacht naexierzieren laten. Nu wier de Cherub bös un mäud.

Na, wohrte nich lang, dor keem ein Mann in de besten Johren antaughan, gaud in Tüg, öwer doch bäten luschig –, un de wull in'n Häben. De Cherub böhrte sienen gläunigen Sabel hoch un gnurrte: "Ehren Utwies!" De Mann keek all sien Taschen na, dreihte se üm, fünn öwer nix un schüttkoppte: "Heff ick woll nich bi mi. Wo Lowising den nu wedder upbewohrt hett, dat mag de Düwel weiten!"

Dor fuchtelte de Cherub den Kierl gefährlich mit sienen Flammensabel vör dat Snutenwark rümmer un bölkte em an, he süll mit sien gottverdammt Flöken uphüren – un ahn Utwies keem he hier nich rin. Dat wier Plicht – anners kreegen se de Mafia ok noch in'n Häben!

De Mann stünn verbaast vör de grot Pur tun wüsst nich recht, wat he nu seggen orrer daun süll. Man dor keem Hülp! De Dör gnarrte – un up den Süll stünn Petrus, de ümmer noch bäten na Fisch rök. De hillig Mann verstaute den groten Häbenslötel un frög mit deipe Stimm, wat de Larm bedüden süll. De Cherub klappte mit de Hacken un mellte, de Minsch vör de Dör harr keinen Utwies. Petrus keek den Mann scharp an, un denn güng son lütt Lüchten öwer sien Gesicht. „Dat is ja Fritz Reuter ut Stemhagen!" reep he recht mit Freud in de Stimm. „De brukt keinen Utwies! Kumm rin, Jung!"

Fritz Reuter güng wat tögerig up de Dör tau, an den Cherub vörbi. De präsentierte sienen Sabel nu – öwer mit 'n bannig gnittschäwsch Gesicht. Man Fritz Reuter verswünn mit Petrus in de grot, holtsnäden Habenpurt. Sinnig uni ehrenfast perrten de beiden sick dörch den Angtree hen na de Kamer mit dat Glasfinster, wo in Goldbaukstaben ansteiht: „Portier und Anmeldung".

In disse Kamer güngen de beiden sitten in twei breide, deipe Ruhrstäuhl, de Petrus sick extra von den See Genezareth harr naschicken laten – un de hillig Mann säd mit inner Taufrädenheit: „Dor heff ick all lang up täuwt! Dat freugt mi so recht, dat du dor büst, Fritz. Ick – dörf doch Fritz seggen?" – „Is mi 'n Pläsier, Petrus!" geew Fritz Reuter trüch. „Man ick fäuhl mi doch bannig allein. Väl schöner wier dat ja, wenn mien Lowising ok hier wier."

„De kümmt von ganz allein noch", begäuschte Petrus em, „dor kannst up täuben." Denn öwer streek de oll Apostel sick son bäten verlägen poormal öwer sienen langen witten Bort: "Wat ick – äh – je, wat ick – woll seggen möt – also – wat so dienen Läbenswannel up de Ierd angeiht, Fritz – ick mein, de Köhm un …"

"Horre nee doch ok!" fohrte Reuter hoch, "dau mi den einen Gefallen, Petrus, un fang du dor nich ok noch von an! Ick weit dat ja sülben …"

"Nu laat man, Fritzing", winkte Petrus af, "dat steiht ja ok sowieso alls in de Akten. Un de Chef sülben hett gistern noch tau mi seggt: Wenn Fritz Reuter kümmt, de kriggt 'n sünnerlich gaud Unnerkamen bi uns. Sapen hett he, dat is wohr, düchtig sogor – öwer 'n Minsch, wecker de Stromtid schräben hett, de dörf ok supen!"

Petrus lähnte sick trüch: "Na ja, Fritz, hier baben kriggst ja sowieso nich väl Köhm … Dat sall woll alls klorgahn."

Fritz Reuter keek Petrussen mit dankbor Ogen an – un de sehg, dat sien Gägenöwer mäud wier. Is ja ok 'n langen Weg ganz von Eisenach bät an de Häbendör – un mit Sport un Fitness harr Reuter dat an sien eigen Liew ja nich so dull hatt.

So schöw Petrus sienen Korwstauhl trüch un säd: „Is woll an'n besten, ick bring di iersteins na dien niege Wahnung, Fritz. Du kriggst Nummer 27, dat is 'n sünnerlich gaude, mit Panoramablick na de Ierd hen. – Dat Anmellen könen wi morgen orrer öwermorgen noch daun. Dat möt blot in de iersten teihndusend Johr makt warden, so is nu mal de Vörschrift."

De beiden stünnen denn ok up un güngen tausamen rut, de grot Hauptallee längs, wo in twei lange Reigen Plusterwulken an wüssen as de Bööm an 'n meckelborgsch Schossee. Twüschendörch leegen ok ümmer wedder Wahnwulken an de Straat. Wieren ok Sozialwahnungen bi, wo Lüüd up ehr Bänk vör de Dör seeten un niegelig achter de beiden herkeeken, indäm Petrus ja anners nich sülben de Niegen afhalen un na Hus bringen deed.

Af un an swäwte ein von de Engels vörbi, makte 'n Deiner un reep „Hosianna!" Denn nickköppte Petrus un geew dat Hosianna trüch. Dorbi stupste he Fritz Reuter in de Rippen, dat de ok wat säd. Man de keem rein dörchhen un stamerte: „Halleluja!" Dor lachten poor Engels – öwer Petrus meinte, dat liehrt sick alls, un Tiet harr Fritz nu ja naug.

Denn müsste Fritz Reuter 'n Ogenblick stahn blieben un täuben, indäm Petrus in de dicke Wulk Nummer 19,99 verswünn, wo de Supermarkt in wier. As he dor wedder rut keem, harr he wat unner sienen hillig Mantel. Dat kreeg Reuter öwer nich tau seihn, un de beiden güngen wieder.

Upmal leeg vör ehr 'n Pottmanneh an de Ierd, – man as Fritz Reuter sick dorna bücken wull, höl Petrus em trüch. „Dat lat man na", gnurrte he, „dor is 'n Twinsfaden an, von de lütten frechen Barockengels. De könen son Spijökenkram doch nich nalaten! Sünnerlich dissen Putting, dat is 'n ganz vigelinschen Bengel. Na ja, de kümmt ut Hagenow."

So perrten de beiden sick wieder de Hauptallee längs; vullwichtig un staatsch de hillig Petrus – tögerig un doch niegelig Fritz Reuter.

Tauletzt keemen se na de Wulk Nummer 27. Dat wier 'n recht fründlich witte Schönwäderwulk mit 'n gülden Sünnenrand ümtau. Se leeg bäten trüch von de Straat un harr 'n lütten Vörgorden, wo vör allen

Engelsäut un Engelwörtel in wassen deeden – öwer ok Häbenslötel un Häbenfohrtsblaumen, Gottgnadenkrut und Glockenheid. Un näben witte Glockenwinn' weigten sick bunte Glockenblaumen in de ewig Bris. Up beide Sieten von de Husdör räkten hoge Häbenbööm, wo de Minschen ok Götterbööm tau seggen, ehre langen Fingerbläder.

„Hier kümmst du tau wahnen, Fritz!" säd Petrus, un denn güngen se beid dörch dat Wulkenhus. In de Slapstuw hüngen Siedenhäbens öwer de twei Betten, – in de Wahnstuw stünn 'n weikes Wulkensofa twüschen swore Wulken-Lähnstäuhl – un dat geew ok 'n Schriewstuw mit Bliefedder un Poppier, dat Reuter sien Urgeschicht tau Enn schrieben künn. Kök wier nich in 't Hus, indäm dat in'n Häben kein Rippen mit Plummen giwt un ok kein Suerfleisch. Dor ward öwerhaupt nich äten. Un wat Fritz Reuter ok nich so recht wier: In de Bafstuw drüppelte de Hahn för dat warm Wader. Dat süll öwer annern Dag all in de Reig bröcht warden. Denn würd 'n sünnerlich gauden Klempner in Kröpelin von dat Karkendack fallen, säd Petrus – un up den wullen se täuben.

Fritz harr rein blanke Ogen öwer son feines Hus –, un he bedankte sick bi Petrussen, dat de ok an dat tweit Bett för Lowising dacht harr. Man de hillig Mann nickköppte: „Is all gaud, Fritz. Un bruckst di nich bedanken. Dat steiht ja alls genau in unsen Schöpfungsplan."

Na, Petrus trök sienen Mantel ut – un süh, dor harr he 'n Buddel Wien unner hatt. „Is ja man von'n Supermarkt", säd he, „öwer dat is liekers 'n gauden Druppen: Graacher Himmelreich – Beerenauslese!"

Denn güngen se beid sitten an dat grot Wulkenlock mit de best Ursicht na unnen. Fritz kreeg twei Glöös ut dat antik Vertiko – schön tausläpen gräunlich Römers – un stellte se up den Disch. Petrus öwer böhrte de Hand up: „För mi nich, Fritz! Ick bün in'n Deinst, dörf abends ierst. Öwer du sast doch tauminnst 'n Druppen tau dienen Intog hebben." Dormit schenkte he dat ein Glas vull. Fritz keek mit vergnäugte Ogen tau, nehm dat Glas un wull Petrussen jüst tauprosten – dor wier üm de beiden up mal 'ne ganz deipe Stimm, as de Bassklock von den Schweriner Dom, un de Stimm säd luut un dütlich: „Up dien Woll, Fritz Reuter!"

Fritz sien Hand mit dat Glas bleew in de Luft hangen. He künn keinen Minsch sehn, stamerte öwer: „Schönen – schönen Dank ok! Ick – mein 't ok so!" Petrus dorgängen flusterte mit grote Ogen: „Dunnerslag! Dat wier de Chef sülben. Deit hei anners gornich! Dor kannst di wat up inbillen!"

Dat deed Fritz öwer nich. Nee, he sett'te dat Glas an, drünk dat in einen Tog u tun säd: „Petrus – ick fäuhl mi as in'n Häben!"

Denn vertellten de beiden sick wat, von dat Läben up de Ierd un in den Häben – un Fritz Reuter kreeg dorbi von sienen niegen Fründ poor gaude Tips. Man denn halte Petrus sien Taschenklock rut ut leet den Deckel upspringen. Quarzklocken hebben se dor baben nich – de gahn bi de grot Höcht ümmer vör. Na, un as he so up sien Klock keek, dor verfiehrte Petrus sick bannig, wat de Tiet doch weglopen wier. „Minschenskind!" keem he hoch, „tweidusend Johr sitten wi nu all hier tau klöhnen! Ick möt ja doch na de Purt kieken! De Cherub, de hüt Posten steiht, is wohrhaftig nich de Kläugst!" He trök sienen Mantel an, güng na de Dör und reihte sick nochmal üm: „Wi seihn uns wedder, Fritz!" Dormit föl de Dörwulk achter em dicht.

As Petrus buten wier, nehm Fritz Reuter noch mal 'n gadlichen Sluck von den gauden Wien, sett'te dat schämern Glas af un lähnte sick kommodig trüch in de Wulkenküssen.

Geruhig keek Fritz na unnen, wo sick de Irdball sinnig üm sick sülben dreihn deed. Un süh, dor güng öwer de Ierd de Sünn up –, un ehr gülden Schien keem jüst up Meckelborg tau liggen. Un dor künn Fritz Reuter nu sülben seihn, dat unsen Herrgott sien Hand up Wisch un Wald, up Barg un See sülwst rauht hett un dat he Meckelborg mit in 't Og fat't harr, as he sach, dat Allens gaud was. (2010)